PORTUGIESISCH

WORTSCHATZ

FÜR DAS SELBSTSTUDIUM

DEUTSCH
PORTUGIESISCH

Die nützlichsten Wörter
Zur Erweiterung Ihres Wortschatzes und
Verbesserung der Sprachfertigkeit

3000 Wörter

Wortschatz Deutsch-Brasilianisch Portugiesisch für das Selbststudium - 3000 Wörter
Von Andrey Taranov

T&P Books Vokabelbücher sind dafür vorgesehen, beim Lernen einer Fremdsprache zu helfen, Wörter zu memorieren und zu wiederholen. Das Wörterbuch ist nach Themen aufgeteilt und deckt alle wichtigen Bereiche des täglichen Lebens, Berufs, Wissenschaft, Kultur etc. ab.

Durch das Benutzen der themenbezogenen T&P Books ergeben sich folgende Vorteile für den Lernprozess:

* Sachgemäß geordnete Informationen bestimmen den späteren Erfolg auf den darauffolgenden Stufen der Memorisierung
* Die Verfügbarkeit von Wörtern, die sich aus der gleichen Wurzel ableiten lassen, erlaubt die Memorisierung von Worteinheiten (mehr als bei einzeln stehenden Wörtern)
* Kleine Worteinheiten unterstützen den Aufbauprozess von assoziativen Verbindungen für die Festigung des Wortschatzes
* Die Kenntnis der Sprache kann aufgrund der Anzahl der gelernten Wörter eingeschätzt werden

T&P Books Publishing
www.tpbooks.com

ISBN: 978-1-78767-467-7

Dieses Buch ist auch im E-Book Format erhältlich.
Besuchen Sie uns auch auf www.tpbooks.com oder auf einer der bedeutenden Buchhandlungen online.

WORTSCHATZ DEUTSCH-BRASILIANISCH PORTUGIESISCH
für das Selbststudium

Die Vokabelbücher von T&P Books sind dafür vorgesehen, Ihnen beim Lernen einer Fremdsprache zu helfen, Wörter zu memorieren und zu wiederholen. Der Wortschatz enthält über 3000 häufig gebrauchte, thematisch geordnete Wörter.

- Der Wortschatz enthält die am häufigsten benutzten Wörter
- Eignet sich als Ergänzung zu jedem Sprachkurs
- Erfüllt die Bedürfnisse von Anfängern und fortgeschrittenen Lernenden von Fremdsprachen
- Praktisch für den täglichen Gebrauch, zur Wiederholung und um sich selbst zu testen
- Ermöglicht es, Ihren Wortschatz einzuschätzen

Besondere Merkmale des Wortschatzes:

- Wörter sind entsprechend ihrer Bedeutung und nicht alphabetisch organisiert
- Wörter werden in drei Spalten präsentiert, um das Wiederholen und den Selbstüberprüfungsprozess zu erleichtern
- Wortgruppen werden in kleinere Einheiten aufgespalten, um den Lernprozess zu fördern
- Der Wortschatz bietet eine praktische und einfache Lautschrift jedes Wortes der Fremdsprache

Der Wortschatz hat 101 Themen, einschließlich:

Grundbegriffe, Zahlen, Farben, Monate, Jahreszeiten, Maßeinheiten, Kleidung und Accessoires, Essen und Ernährung, Restaurant, Familienangehörige, Verwandte, Charaktereigenschaften, Empfindungen, Gefühle, Krankheiten, Großstadt, Kleinstadt, Sehenswürdigkeiten, Einkaufen, Geld, Haus, Zuhause, Büro, Import & Export, Marketing, Arbeitssuche, Sport, Ausbildung, Computer, Internet, Werkzeug, Natur, Länder, Nationalitäten und vieles mehr...

INHALT

LEITFADEN FÜR DIE AUSSPRACHE

T&P phonetisches Alphabet	Portugiesisch Beispiel	Deutsch Beispiel

Vokale

[a]	baixo ['baɪʃu]	schwarz
[e]	erro ['eʀu]	Pferde
[ɛ]	leve ['lɛvə]	essen
[i]	lancil [lã'sil]	ihr, finden
[o], [ɔ]	boca, orar ['bokə], [ɔ'rar]	wohnen, oft
[u]	urgente [ur'ʒẽtə]	kurz
[ã]	toranja [tu'rãʒə]	Nasalvokal [a]
[ẽ]	gente ['ʒẽtə]	sprengen
[ĩ]	seringa [se'rĩgə]	Nasalvokal [i]
[õ]	ponto ['põtu]	Gong
[ũ]	umbigo [ũ'bigu]	Nasalvokal [u]

Konsonanten

[b]	banco ['bãku]	Brille
[d]	duche ['duʃə]	Detektiv
[dʒ]	abade [a'badʒi]	Kambodscha
[f]	facto ['faktu]	fünf
[g]	gorila [gu'rilə]	gelb
[j]	feira ['fejrə]	Jacke
[k]	claro ['klaru]	Kalender
[l]	Londres ['lõdrəʃ]	Juli
[ʎ]	molho ['moʎu]	Schicksal
[m]	montanha [mõ'tɐɲə]	Mitte
[n]	novela [nu'vɛlə]	nicht
[ɲ]	senhora [se'ɲorə]	Champagner
[ŋ]	marketing ['marketiŋ]	lang
[p]	prata ['pratə]	Polizei
[s]	safira [sɐ'firə]	sein
[ʃ]	texto ['tɛʃtu]	Chance
[t]	teto ['tɛtu]	still
[tʃ]	doente [do'ẽtʃi]	Matsch
[v]	alvo ['alvu]	November
[z]	vizinha [vi'ziɲə]	sein
[ʒ]	juntos ['ʒũtuʃ]	Regisseur
[w]	sequoia [se'kwɔjə]	schwanger

Es tut mir leid!	Desculpe!	[dʒis'kuwpe]
verzeihen (vt)	perdoar (vt)	[per'dwar]
Das macht nichts!	Não faz mal	['nãw fajʒ maw]
bitte (Die Rechnung, ~!)	por favor	[por fa'vor]

Nicht vergessen!	Não se esqueça!	['nãw si is'kesa]
Natürlich!	Com certeza!	[kõ ser'teza]
Natürlich nicht!	Claro que não!	['klaru ki 'nãw]
Gut! Okay!	Está bem! De acordo!	[is'ta bẽj], [de a'kordu]
Es ist genug!	Chega!	['ʃega]

3. Fragen

Wer?	Quem?	[kẽj]
Was?	O que?	[u ki]
Wo?	Onde?	['õdʒi]
Wohin?	Para onde?	['para 'õdʒi]
Woher?	De onde?	[de 'õdʒi]
Wann?	Quando?	['kwãdu]
Wozu?	Para quê?	['para ke]
Warum?	Por quê?	[por 'ke]

Wofür?	Para quê?	['para ke]
Wie?	Como?	['kɔmu]
Welcher?	Qual?	[kwaw]

Wem?	A quem?	[a kẽj]
Über wen?	De quem?	[de kẽj]
Wovon? (~ sprichst du?)	Do quê?	[du ke]
Mit wem?	Com quem?	[kõ kẽj]

Wie viele?	Quantos? -as?	['kwãtus, -as]
Wie viel?	Quanto?	['kwãtu]
Wessen?	De quem?	[de kẽj]

4. Präpositionen

mit (Frau ~ Katzen)	com	[kõ]
ohne (~ Dich)	sem	[sẽ]
nach (~ London)	a ..., para ...	[a], ['para]
über (~ Geschäfte sprechen)	sobre ...	['sobri]
vor (z.b. ~ acht Uhr)	antes de ...	['ãtʃis de]
vor (z.b. ~ dem Haus)	em frente de ...	[ẽ 'frẽtʃi de]

unter (~ dem Schirm)	debaixo de ...	[de'baɪʃu de]
über (~ dem Meeresspiegel)	sobre ..., em cima de ...	['sobri], [ẽ 'sima de]
auf (~ dem Tisch)	em ..., sobre ...	[ẽ], ['sobri]
aus (z.B. ~ München)	de ...	[de]
aus (z.B. ~ Porzellan)	de ...	[de]

| in (~ zwei Tagen) | em ... | [ẽ] |
| über (~ zaun) | por cima de ... | [por 'sima de] |

5. Funktionswörter. Adverbien. Teil 1

Wo?	Onde?	['ödʒi]
hier	aqui	[a'ki]
dort	lá, ali	[la], [a'li]

irgendwo	em algum lugar	[ẽ aw'gũ lu'gar]
nirgends	em lugar nenhum	[ẽ lu'gar ne'ɲũ]

an (bei)	perto de ...	['pɛrtu de]
am Fenster	perto da janela	['pɛrtu da ʒa'nɛla]

Wohin?	Para onde?	['para 'ödʒi]
hierher	aqui	[a'ki]
dahin	para lá	['para la]
von hier	daqui	[da'ki]
von da	de lá, dali	[de la], [da'li]

nah (Adv)	perto	['pɛrtu]
weit, fern (Adv)	longe	['lõʒi]

in der Nähe von ...	perto de ...	['pɛrtu de]
in der Nähe	à mão, perto	[a mãw], ['pɛrtu]
unweit (~ unseres Hotels)	não fica longe	['nãw 'fika 'lõʒi]

link (Adj)	esquerdo	[is'kerdu]
links (Adv)	à esquerda	[a is'kerda]
nach links	para a esquerda	['para a is'kerda]

recht (Adj)	direito	[dʒi'rejtu]
rechts (Adv)	à direita	[a dʒi'rejta]
nach rechts	para a direita	['para a dʒi'rejta]

vorne (Adv)	em frente	[ẽ 'frẽtʃi]
Vorder-	da frente	[da 'frẽtʃi]
vorwärts	adiante	[a'dʒiãtʃi]

hinten (Adv)	atrás de ...	[a'trajs de]
von hinten	de trás	[de trajs]
rückwärts (Adv)	para trás	['para trajs]

Mitte (f)	meio (m), metade (f)	['meju], [me'tadʒi]
in der Mitte	no meio	[nu 'meju]

seitlich (Adv)	do lado	[du 'ladu]
überall (Adv)	em todo lugar	[ẽ 'todu lu'gar]
ringsherum (Adv)	por todos os lados	[por 'todus os 'ladus]

von innen (Adv)	de dentro	[de 'dẽtru]
irgendwohin (Adv)	para algum lugar	['para aw'gũ lu'gar]
geradeaus (Adv)	diretamente	[dʒireta'mẽtʃi]
zurück (Adv)	de volta	[de 'vɔwta]

irgendwoher (Adv)	de algum lugar	[de aw'gũ lu'gar]
von irgendwo (Adv)	de algum lugar	[de aw'gũ lu'gar]

erstens	em primeiro lugar	[ẽ pri'mejru lu'gar]
zweitens	em segundo lugar	[ẽ se'gũdu lu'gar]
drittens	em terceiro lugar	[ẽ ter'sejru lu'gar]

plötzlich (Adv)	de repente	[de he'pẽtʃi]
zuerst (Adv)	no início	[nu i'nisju]
zum ersten Mal	pela primeira vez	['pɛla pri'mejra 'vez]
lange vor...	muito antes de ...	['mwĩtu 'ãtʃis de]
von Anfang an	de novo	[de 'novu]
für immer	para sempre	['para 'sẽpri]

nie (Adv)	nunca	['nũka]
wieder (Adv)	de novo	[de 'novu]
jetzt (Adv)	agora	[a'gɔra]
oft (Adv)	frequentemente	[frekwẽtʃi'mẽtʃi]
damals (Adv)	então	[ẽ'tãw]
dringend (Adv)	urgentemente	[urʒẽte'mẽtʃi]
gewöhnlich (Adv)	normalmente	[nɔrmaw'mẽtʃi]

übrigens, ...	a propósito, ...	[a pro'pɔzitu]
möglicherweise (Adv)	é possível	[ɛ po'sivew]
wahrscheinlich (Adv)	provavelmente	[provavɛw'mẽtʃi]
vielleicht (Adv)	talvez	[taw'vez]
außerdem ...	além disso, ...	[a'lẽj 'dʒisu]
deshalb ...	por isso ...	[por 'isu]
trotz ...	apesar de ...	[ape'zar de]
dank ...	graças a ...	['grasas a]

was (~ ist denn?)	que	[ki]
das (~ ist alles)	que	[ki]
etwas	algo	[awgu]
irgendwas	alguma coisa	[aw'guma 'kojza]
nichts	nada	['nada]

wer (~ ist ~?)	quem	[kẽj]
jemand	alguém	[aw'gẽj]
irgendwer	alguém	[aw'gẽj]

niemand	ninguém	[nĩ'gẽj]
nirgends	para lugar nenhum	['para lu'gar ne'ɲũ]
niemandes (~ Eigentum)	de ninguém	[de nĩ'gẽj]
jemandes	de alguém	[de aw'gẽj]

so (derart)	tão	[tãw]
auch	também	[tã'bẽj]
ebenfalls	também	[tã'bẽj]

6. Funktionswörter. Adverbien. Teil 2

Warum?	Por quê?	[por 'ke]
aus irgendeinem Grund	por alguma razão	[por aw'guma ha'zãw]
weil ...	porque ...	[por'ke]
zu irgendeinem Zweck	por qualquer razão	[por kwaw'ker ha'zãw]
und	e	[i]

13

oder	ou	['o]
aber	mas	[mas]
für (präp)	para	['para]

zu (~ viele)	muito, demais	['mwĩtu], [dʒi'majs]
nur (~ einmal)	só, somente	[sɔ], [sɔ'mẽtʃi]
genau (Adv)	exatamente	[ɛzata'mẽtʃi]
etwa	cerca de ...	['serka de]

ungefähr (Adv)	aproximadamente	[aprosimada'mẽti]
ungefähr (Adj)	aproximado	[aprosi'madu]
fast	quase	['kwazi]
Übrige (n)	resto (m)	['hɛstu]

der andere	o outro	[u 'otru]
andere	outro	['otru]
jeder (~ Mann)	cada	['kada]
beliebig (Adj)	qualquer	[kwaw'ker]
viel (zähl.)	muitos, muitas	['mwĩtos], ['mwĩtas]
viel (unzähl.)	muito	['mwĩtu]
viele Menschen	muitas pessoas	['mwĩtas pe'soas]
alle (wir ~)	todos	['todus]

im Austausch gegen ...	em troca de ...	[ẽ 'trɔka de]
dafür (Adv)	em troca	[ẽ 'trɔka]
mit der Hand (Hand-)	à mão	[a mãw]
schwerlich (Adv)	pouco provável	['poku pro'vavew]

wahrscheinlich (Adv)	provavelmente	[provavɛw'mẽtʃi]
absichtlich (Adv)	de propósito	[de pro'pɔzitu]
zufällig (Adv)	por acidente	[por asi'dẽtʃi]

sehr (Adv)	muito	['mwĩtu]
zum Beispiel	por exemplo	[por e'zẽplu]
zwischen	entre	['ẽtri]
unter (Wir sind ~ Mördern)	entre, no meio de ...	['ẽtri], [nu 'meju de]
so viele (~ Ideen)	tanto	['tãtu]
besonders (Adv)	especialmente	[ispesjal'mẽte]

ZAHLEN. VERSCHIEDENES

7. Grundzahlen. Teil 1

null	zero	['zɛru]
eins	um	[ũ]
zwei	dois	['dojs]
drei	três	[tres]
vier	quatro	['kwatru]

fünf	cinco	['sĩku]
sechs	seis	[sejs]
sieben	sete	['sɛtʃi]
acht	oito	['ojtu]
neun	nove	['nɔvi]

zehn	dez	[dɛz]
elf	onze	['õzi]
zwölf	doze	['dozi]
dreizehn	treze	['trezi]
vierzehn	catorze	[ka'torzi]

fünfzehn	quinze	['kĩzi]
sechzehn	dezesseis	[deze'sejs]
siebzehn	dezessete	[dezi'setʃi]
achtzehn	dezoito	[dʒi'zojtu]
neunzehn	dezenove	[deze'nɔvi]

zwanzig	vinte	['vĩtʃi]
einundzwanzig	vinte e um	['vĩtʃi i ũ]
zweiundzwanzig	vinte e dois	['vĩtʃi i 'dojs]
dreiundzwanzig	vinte e três	['vĩtʃi i 'tres]

dreißig	trinta	['trĩta]
einunddreißig	trinta e um	['trĩta i ũ]
zweiunddreißig	trinta e dois	['trĩta i 'dojs]
dreiunddreißig	trinta e três	['trĩta i 'tres]

vierzig	quarenta	[kwa'rẽta]
einundvierzig	quarenta e um	[kwa'rẽta i 'ũ]
zweiundvierzig	quarenta e dois	[kwa'rẽta i 'dojs]
dreiundvierzig	quarenta e três	[kwa'rẽta i 'tres]

fünfzig	cinquenta	[sĩ'kwẽta]
einundfünfzig	cinquenta e um	[sĩ'kwẽta i ũ]
zweiundfünfzig	cinquenta e dois	[sĩ'kwẽta i 'dojs]
dreiundfünfzig	cinquenta e três	[sĩ'kwẽta i 'tres]

| sechzig | sessenta | [se'sẽta] |
| einundsechzig | sessenta e um | [se'sẽta i ũ] |

| zweiundsechzig | sessenta e dois | [se'sẽta i 'dojs] |
| dreiundsechzig | sessenta e três | [se'sẽta i 'tres] |

siebzig	setenta	[se'tẽta]
einundsiebzig	setenta e um	[se'tẽta i ũ]
zweiundsiebzig	setenta e dois	[se'tẽta i 'dojs]
dreiundsiebzig	setenta e três	[se'tẽta i 'tres]

achtzig	oitenta	[oj'tẽta]
einundachtzig	oitenta e um	[oj'tẽta i 'ũ]
zweiundachtzig	oitenta e dois	[oj'tẽta i 'dojs]
dreiundachtzig	oitenta e três	[oj'tẽta i 'tres]

neunzig	noventa	[no'vẽta]
einundneunzig	noventa e um	[no'vẽta i 'ũ]
zweiundneunzig	noventa e dois	[no'vẽta i 'dojs]
dreiundneunzig	noventa e três	[no'vẽta i 'tres]

8. Grundzahlen. Teil 2

einhundert	cem	[sẽ]
zweihundert	duzentos	[du'zẽtus]
dreihundert	trezentos	[tre'zẽtus]
vierhundert	quatrocentos	[kwatro'sẽtus]
fünfhundert	quinhentos	[ki'ɲẽtus]

sechshundert	seiscentos	[sej'sẽtus]
siebenhundert	setecentos	[sete'sẽtus]
achthundert	oitocentos	[ojtu'sẽtus]
neunhundert	novecentos	[nove'sẽtus]

eintausend	mil	[miw]
zweitausend	dois mil	['dojs miw]
dreitausend	três mil	['tres miw]
zehntausend	dez mil	['dɛz miw]
hunderttausend	cem mil	[sẽ miw]
Million (f)	um milhão	[ũ mi'ʎãw]
Milliarde (f)	um bilhão	[ũ bi'ʎãw]

9. Ordnungszahlen

der erste	primeiro	[pri'mejru]
der zweite	segundo	[se'gũdu]
der dritte	terceiro	[ter'sejru]
der vierte	quarto	['kwartu]
der fünfte	quinto	['kĩtu]

der sechste	sexto	['sestu]
der siebte	sétimo	['sɛtʃimu]
der achte	oitavo	[oj'tavu]
der neunte	nono	['nonu]
der zehnte	décimo	['dɛsimu]

FARBEN. MAßEINHEITEN

10. Farben

Farbe (f)	cor (f)	[kɔr]
Schattierung (f)	tom (m)	[tõ]
Farbton (m)	tonalidade (m)	[tonali'dadʒi]
Regenbogen (m)	arco-íris (m)	['arku 'iris]
weiß	branco	['brãku]
schwarz	preto	['pretu]
grau	cinza	['sĩza]
grün	verde	['verdʒi]
gelb	amarelo	[ama'rɛlu]
rot	vermelho	[ver'meʎu]
blau	azul	[a'zuw]
hellblau	azul claro	[a'zuw 'klaru]
rosa	rosa	['hɔza]
orange	laranja	[la'rãʒa]
violett	violeta	[vjo'leta]
braun	marrom	[ma'hõ]
golden	dourado	[do'radu]
silbrig	prateado	[pra'tʃjadu]
beige	bege	['bɛʒi]
cremefarben	creme	['krɛmi]
türkis	turquesa	[tur'keza]
kirschrot	vermelho cereja	[ver'meʎu se'reʒa]
lila	lilás	[li'las]
himbeerrot	carmim	[kah'mĩ]
hell	claro	['klaru]
dunkel	escuro	[is'kuru]
grell	vivo	['vivu]
Farb- (z.B. -stifte)	de cor	[de kɔr]
Farb- (z.B. -film)	a cores	[a 'kores]
schwarz-weiß	preto e branco	['pretu i 'brãku]
einfarbig	de uma só cor	[de 'uma sɔ kɔr]
bunt	multicolor	[muwtʃiko'lor]

11. Maßeinheiten

Gewicht (n)	peso (m)	['pezu]
Länge (f)	comprimento (m)	[kõpri'mẽtu]

17

Breite (f)	largura (f)	[lar'gura]
Höhe (f)	altura (f)	[aw'tura]
Tiefe (f)	profundidade (f)	[profũdʒi'dadʒi]
Volumen (n)	volume (m)	[vo'lumi]
Fläche (f)	área (f)	['arja]

Gramm (n)	grama (m)	['grama]
Milligramm (n)	miligrama (m)	[mili'grama]
Kilo (n)	quilograma (m)	[kilo'grama]
Tonne (f)	tonelada (f)	[tune'lada]
Pfund (n)	libra (f)	['libra]
Unze (f)	onça (f)	['õsa]

Meter (m)	metro (m)	['mɛtru]
Millimeter (m)	milímetro (m)	[mi'limetru]
Zentimeter (m)	centímetro (m)	[sẽ'tʃimetru]
Kilometer (m)	quilômetro (m)	[ki'lometru]
Meile (f)	milha (f)	['miʎa]

Zoll (m)	polegada (f)	[pole'gada]
Fuß (m)	pé (m)	[pɛ]
Yard (n)	jarda (f)	['ʒarda]

Quadratmeter (m)	metro (m) quadrado	['mɛtru kwa'dradu]
Hektar (n)	hectare (m)	[ek'tari]

Liter (m)	litro (m)	['litru]
Grad (m)	grau (m)	[graw]
Volt (n)	volt (m)	['vɔwtʃi]
Ampere (n)	ampère (m)	[ã'pɛri]
Pferdestärke (f)	cavalo (m) de potência	[ka'valu de po'tẽsja]

Anzahl (f)	quantidade (f)	[kwãtʃi'dadʒi]
etwas ...	um pouco de ...	[ũ 'poku de]
Hälfte (f)	metade (f)	[me'tadʒi]
Dutzend (n)	dúzia (f)	['duzja]
Stück (n)	peça (f)	['pɛsa]

Größe (f)	tamanho (m), dimensão (f)	[ta'maɲu], [dʒimẽ'sãw]
Maßstab (m)	escala (f)	[is'kala]

minimal (Adj)	mínimo	['minimu]
der kleinste	menor, mais pequeno	[me'nɔr], [majs pe'kenu]
mittler, mittel-	médio	['mɛdʒju]
maximal (Adj)	máximo	['masimu]
der größte	maior, mais grande	[ma'jɔr], [majs 'grãdʒi]

12. Behälter

Glas (Einmachglas)	pote (m) de vidro	['pɔtʃi de 'vidru]
Dose (z.B. Bierdose)	lata (f)	['lata]
Eimer (m)	balde (m)	['bawdʒi]
Fass (n), Tonne (f)	barril (m)	[ba'hiw]
Waschschüssel (n)	bacia (f)	[ba'sia]

Tank (m)	tanque (m)	['tãki]
Flachmann (m)	cantil (m) de bolso	[kã'tʃiw ʤi 'bowsu]
Kanister (m)	galão (m) de gasolina	[ga'lãw de gazo'lina]
Zisterne (f)	cisterna (f)	[sis'tɛrna]

Kaffeebecher (m)	caneca (f)	[ka'nɛka]
Tasse (f)	xícara (f)	['ʃikara]
Untertasse (f)	pires (m)	['piris]
Wasserglas (n)	copo (m)	['kɔpu]
Weinglas (n)	taça (f) de vinho	['tasa de 'viɲu]
Kochtopf (m)	panela (f)	[pa'nɛla]

Flasche (f)	garrafa (f)	[ga'hafa]
Flaschenhals (m)	gargalo (m)	[gar'galu]

Karaffe (f)	jarra (f)	['ʒaha]
Tonkrug (m)	jarro (m)	['ʒahu]
Gefäß (n)	recipiente (m)	[hesi'pjẽtʃi]
Tontopf (m)	pote (m)	['pɔtʃi]
Vase (f)	vaso (m)	['vazu]

Flakon (n)	frasco (m)	['frasku]
Fläschchen (n)	frasquinho (m)	[fras'kiɲu]
Tube (z.B. Zahnpasta)	tubo (m)	['tubu]

Sack (~ Kartoffeln)	saco (m)	['saku]
Tüte (z.B. Plastiktüte)	sacola (f)	[sa'kɔla]
Schachtel (z.B. Zigaretten~)	maço (m)	['masu]

Karton (z.B. Schuhkarton)	caixa (f)	['kaɪʃa]
Kiste (z.B. Bananenkiste)	caixote (m)	[kaj'ʃɔtʃi]
Korb (m)	cesto (m)	['sestu]

DIE WICHTIGSTEN VERBEN

13. Die wichtigsten Verben. Teil 1

abbiegen (nach links ~)	virar (vi)	[vi'rar]
abschicken (vt)	enviar (vt)	[ẽ'vjar]
ändern (vt)	mudar (vt)	[mu'dar]
andeuten (vt)	dar uma dica	[dar 'uma 'dʒika]
Angst haben	ter medo	[ter 'medu]
ankommen (vi)	chegar (vi)	[ʃe'gar]
antworten (vi)	responder (vt)	[hespõ'der]
arbeiten (vi)	trabalhar (vi)	[traba'ʎar]
auf ... zählen	contar com ...	[kõ'tar kõ]
aufbewahren (vt)	guardar (vt)	[gwar'dar]
aufschreiben (vt)	anotar (vt)	[ano'tar]
ausgehen (vi)	sair (vi)	[sa'ir]
aussprechen (vt)	pronunciar (vt)	[pronũ'sjar]
bedauern (vt)	arrepender-se (vr)	[ahepẽ'dersi]
bedeuten (vt)	significar (vt)	[signifi'kar]
beenden (vt)	acabar, terminar (vt)	[aka'bar], [termi'nar]
befehlen (Milit.)	ordenar (vt)	[orde'nar]
befreien (Stadt usw.)	libertar, liberar (vt)	[liber'tar], [libe'rar]
beginnen (vt)	começar (vt)	[kome'sar]
bemerken (vt)	perceber (vt)	[perse'ber]
beobachten (vt)	observar (vt)	[obser'var]
berühren (vt)	tocar (vt)	[to'kar]
besitzen (vt)	possuir (vt)	[po'swir]
besprechen (vt)	discutir (vt)	[dʒisku'tʃir]
bestehen auf	insistir (vi)	[ĩsis'tʃir]
bestellen (im Restaurant)	pedir (vt)	[pe'dʒir]
bestrafen (vt)	punir (vt)	[pu'nir]
beten (vi)	rezar, orar (vi)	[he'zar], [o'rar]
bitten (vt)	pedir (vt)	[pe'dʒir]
brechen (vt)	quebrar (vt)	[ke'brar]
denken (vi, vt)	pensar (vi, vt)	[pẽ'sar]
drohen (vi)	ameaçar (vt)	[amea'sar]
Durst haben	ter sede	[ter 'sedʒi]
einladen (vt)	convidar (vt)	[kõvi'dar]
einstellen (vt)	cessar (vt)	[se'sar]
einwenden (vt)	objetar (vt)	[obʒe'tar]
empfehlen (vt)	recomendar (vt)	[hekomẽ'dar]
erklären (vt)	explicar (vt)	[ispli'kar]
erlauben (vt)	permitir (vt)	[permi'tʃir]

ermorden (vt)	matar (vt)	[ma'tar]
erwähnen (vt)	mencionar (vt)	[mẽsjo'nar]
existieren (vi)	existir (vi)	[ezis'tʃir]

14. Die wichtigsten Verben. Teil 2

fallen (vi)	cair (vi)	[ka'ir]
fallen lassen	deixar cair (vt)	[dej'ʃar ka'ir]
fangen (vt)	pegar (vt)	[pe'gar]
finden (vt)	encontrar (vt)	[ẽkõ'trar]
fliegen (vi)	voar (vi)	[vo'ar]

folgen (Folge mir!)	seguir ...	[se'gir]
fortsetzen (vt)	continuar (vt)	[kõtʃi'nwar]
fragen (vt)	perguntar (vt)	[pergũ'tar]
frühstücken (vi)	tomar café da manhã	[to'mar ka'fɛ da ma'ɲã]
geben (vt)	dar (vt)	[dar]

gefallen (vi)	gostar (vt)	[gos'tar]
gehen (zu Fuß gehen)	ir (vi)	[ir]
gehören (vi)	pertencer (vt)	[pertẽ'ser]
graben (vt)	cavar (vt)	[ka'var]

haben (vt)	ter (vt)	[ter]
helfen (vi)	ajudar (vt)	[aʒu'dar]
herabsteigen (vi)	descer (vi)	[de'ser]
hereinkommen (vi)	entrar (vi)	[ẽ'trar]

hoffen (vi)	esperar (vi, vt)	[ispe'rar]
hören (vt)	ouvir (vt)	[o'vir]
hungrig sein	ter fome	[ter 'fɔmi]
informieren (vt)	informar (vt)	[ĩfor'mar]
jagen (vi)	caçar (vi)	[ka'sar]

kennen (vt)	conhecer (vt)	[koɲe'ser]
klagen (vi)	queixar-se (vr)	[kej'ʃarsi]
können (v mod)	poder (vi)	[po'der]
kontrollieren (vt)	controlar (vt)	[kõtro'lar]
kosten (vt)	custar (vt)	[kus'tar]

kränken (vt)	insultar (vt)	[ĩsuw'tar]
lächeln (vi)	sorrir (vi)	[so'hir]
lachen (vi)	rir (vi)	[hir]
laufen (vi)	correr (vi)	[ko'her]
leiten (Betrieb usw.)	dirigir (vt)	[dʒiri'ʒir]

lernen (vt)	estudar (vt)	[istu'dar]
lesen (vi, vt)	ler (vt)	[ler]
lieben (vt)	amar (vt)	[a'mar]
machen (vt)	fazer (vt)	[fa'zer]

mieten (Haus usw.)	alugar (vt)	[alu'gar]
nehmen (vt)	pegar (vt)	[pe'gar]
noch einmal sagen	repetir (vt)	[hepe'tʃir]

| nötig sein | ser necessário | [ser nese'sarju] |
| öffnen (vt) | abrir (vt) | [a'brir] |

15. Die wichtigsten Verben. Teil 3

planen (vt)	planejar (vt)	[plane'ʒar]
prahlen (vi)	gabar-se (vr)	[ga'barsi]
raten (vt)	aconselhar (vt)	[akõse'ʎar]
rechnen (vt)	contar (vt)	[kõ'tar]
reservieren (vt)	reservar (vt)	[hezer'var]

retten (vt)	salvar (vt)	[saw'var]
richtig raten (vt)	adivinhar (vt)	[adʒivi'ɲar]
rufen (um Hilfe ~)	chamar (vt)	[ʃa'mar]
sagen (vt)	dizer (vt)	[dʒi'zer]
schaffen (Etwas Neues zu ~)	criar (vt)	[krjar]

schelten (vt)	ralhar, repreender (vt)	[ha'ʎar], [heprjẽ'der]
schießen (vi)	disparar, atirar (vi)	[dʒispa'rar], [atʃi'rar]
schmücken (vt)	decorar (vt)	[deko'rar]
schreiben (vi, vt)	escrever (vt)	[iskre'ver]
schreien (vi)	gritar (vi)	[gri'tar]

schweigen (vi)	ficar em silêncio	[fi'kar ẽ si'lẽsju]
schwimmen (vi)	nadar (vi)	[na'dar]
schwimmen gehen	ir nadar	[ir na'dar]
sehen (vi, vt)	ver (vt)	[ver]
sein (Lehrer ~)	ser (vi)	[ser]

sein (müde ~)	estar (vi)	[is'tar]
sich beeilen	apressar-se (vr)	[apre'sarsi]
sich entschuldigen	desculpar-se (vr)	[dʒiskuw'parsi]

sich interessieren	interessar-se (vr)	[ĩtere'sarsi]
sich irren	errar (vi)	[e'har]
sich setzen	sentar-se (vr)	[sẽ'tarsi]
sich weigern	negar-se (vt)	[ne'garsi]
spielen (vi, vt)	brincar, jogar (vi, vt)	[brĩ'kar], [ʒo'gar]

sprechen (vi)	falar (vi)	[fa'lar]
staunen (vi)	surpreender-se (vr)	[surprjẽ'dersi]
stehlen (vt)	roubar (vt)	[ho'bar]
stoppen (vt)	parar (vi)	[pa'rar]
suchen (vt)	buscar (vt)	[bus'kar]

16. Die wichtigsten Verben. Teil 4

täuschen (vt)	enganar (vt)	[ẽga'nar]
teilnehmen (vi)	participar (vi)	[partʃisi'par]
übersetzen (Buch usw.)	traduzir (vt)	[tradu'zir]
unterschätzen (vt)	subestimar (vt)	[subestʃi'mar]
unterschreiben (vt)	assinar (vt)	[asi'nar]

vereinigen (vt)	unir (vt)	[u'nir]
vergessen (vt)	esquecer (vt)	[iske'ser]
vergleichen (vt)	comparar (vt)	[kõpa'rar]
verkaufen (vt)	vender (vt)	[vẽ'der]
verlangen (vt)	exigir (vt)	[ezi'ʒir]

versäumen (vt)	faltar a ...	[faw'tar a]
versprechen (vt)	prometer (vt)	[prome'ter]
verstecken (vt)	esconder (vt)	[iskõ'der]
verstehen (vt)	entender (vt)	[ẽtẽ'der]
versuchen (vt)	tentar (vt)	[tẽ'tar]

verteidigen (vt)	defender (vt)	[defẽ'der]
vertrauen (vi)	confiar (vt)	[kõ'fjar]
verwechseln (vt)	confundir (vt)	[kõfũ'dʒir]
verzeihen (vi, vt)	desculpar (vt)	[dʒiskuw'par]
verzeihen (vt)	perdoar (vt)	[per'dwar]
voraussehen (vt)	prever (vt)	[pre'ver]

vorschlagen (vt)	propor (vt)	[pro'por]
vorziehen (vt)	preferir (vt)	[prefe'rir]
wählen (vt)	escolher (vt)	[isko'ʎer]
warnen (vt)	advertir (vt)	[adʒiver'tʃir]
warten (vi)	esperar (vt)	[ispe'rar]
weinen (vi)	chorar (vi)	[ʃo'rar]

wissen (vt)	saber (vt)	[sa'ber]
Witz machen	brincar (vi)	[brĩ'kar]
wollen (vt)	querer (vt)	[ke'rer]
zahlen (vt)	pagar (vt)	[pa'gar]
zeigen (jemandem etwas)	mostrar (vt)	[mos'trar]

zu Abend essen	jantar (vi)	[ʒã'tar]
zu Mittag essen	almoçar (vi)	[awmo'sar]
zubereiten (vt)	preparar (vt)	[prepa'rar]
zustimmen (vi)	concordar (vi)	[kõkor'dar]
zweifeln (vi)	duvidar (vt)	[duvi'dar]

ZEIT. KALENDER

17. Wochentage

Montag (m)	segunda-feira (f)	[se'gŭda-'fejra]
Dienstag (m)	terça-feira (f)	['tersa 'fejra]
Mittwoch (m)	quarta-feira (f)	['kwarta-'fejra]
Donnerstag (m)	quinta-feira (f)	['kĩta-'fejra]
Freitag (m)	sexta-feira (f)	['sesta-'fejra]
Samstag (m)	sábado (m)	['sabadu]
Sonntag (m)	domingo (m)	[do'mĩgu]
heute	hoje	['oʒi]
morgen	amanhã	[ama'ɲã]
übermorgen	depois de amanhã	[de'pojs de ama'ɲã]
gestern	ontem	['õtẽ]
vorgestern	anteontem	[ãtʃi'õtẽ]
Tag (m)	dia (m)	['dʒia]
Arbeitstag (m)	dia (m) de trabalho	['dʒia de tra'baʎu]
Feiertag (m)	feriado (m)	[fe'rjadu]
freier Tag (m)	dia (m) de folga	['dʒia de 'fɔwga]
Wochenende (n)	fim (m) de semana	[fĩ de se'mana]
den ganzen Tag	o dia todo	[u 'dʒia 'todu]
am nächsten Tag	no dia seguinte	[nu 'dʒia se'gĩtʃi]
zwei Tage vorher	há dois dias	[a 'dojs 'dʒias]
am Vortag	na véspera	[na 'vɛspera]
täglich (Adj)	diário	['dʒjarju]
täglich (Adv)	todos os dias	['todus us 'dʒias]
Woche (f)	semana (f)	[se'mana]
letzte Woche	na semana passada	[na se'mana pa'sada]
nächste Woche	semana que vem	[se'mana ke vẽj]
wöchentlich (Adj)	semanal	[sema'naw]
wöchentlich (Adv)	toda semana	['toda se'mana]
zweimal pro Woche	duas vezes por semana	['duas 'vezis por se'mana]
jeden Dienstag	toda terça-feira	['tɔda tersa 'fejra]

18. Stunden. Tag und Nacht

Morgen (m)	manhã (f)	[ma'ɲã]
morgens	de manhã	[de ma'ɲã]
Mittag (m)	meio-dia (m)	['meju 'dʒia]
nachmittags	à tarde	[a 'tardʒi]
Abend (m)	tardinha (f)	[tar'dʒiɲa]
abends	à tardinha	[a tar'dʒiɲa]

Nacht (f)	noite (f)	['nojtʃi]
nachts	à noite	[a 'nojtʃi]
Mitternacht (f)	meia-noite (f)	['meja 'nojtʃi]

Sekunde (f)	segundo (m)	[se'gũdu]
Minute (f)	minuto (m)	[mi'nutu]
Stunde (f)	hora (f)	['ɔra]
eine halbe Stunde	meia hora (f)	['meja 'ɔra]
Viertelstunde (f)	quarto (m) de hora	['kwartu de 'ɔra]
fünfzehn Minuten	quinze minutos	['kĩzi mi'nutus]
Tag und Nacht	vinte e quatro horas	['vĩtʃi i 'kwatru 'ɔras]

Sonnenaufgang (m)	nascer (m) do sol	[na'ser du sɔw]
Morgendämmerung (f)	amanhecer (m)	[amaɲe'ser]
früher Morgen (m)	madrugada (f)	[madru'gada]
Sonnenuntergang (m)	pôr-do-sol (m)	[por du 'sɔw]

früh am Morgen	de madrugada	[de madru'gada]
heute Morgen	esta manhã	['ɛsta ma'ɲã]
morgen früh	amanhã de manhã	[ama'ɲã de ma'ɲã]

heute Mittag	esta tarde	['ɛsta 'tardʒi]
nachmittags	à tarde	[a 'tardʒi]
morgen Nachmittag	amanhã à tarde	[ama'ɲã a 'tardʒi]

| heute Abend | esta noite, hoje à noite | ['ɛsta 'nojtʃi], ['oʒi a 'nojtʃi] |
| morgen Abend | amanhã à noite | [ama'ɲã a 'nojtʃi] |

Punkt drei Uhr	às três horas em ponto	[as tres 'ɔras ẽ 'põtu]
gegen vier Uhr	por volta das quatro	[por 'vɔwta das 'kwatru]
um zwölf Uhr	às doze	[as 'dozi]

in zwanzig Minuten	em vinte minutos	[ẽ 'vĩtʃi mi'nutus]
in einer Stunde	em uma hora	[ẽ 'uma 'ɔra]
rechtzeitig (Adv)	a tempo	[a 'tẽpu]

Viertel vor ...	... um quarto para	[... ũ 'kwartu 'para]
innerhalb einer Stunde	dentro de uma hora	['dẽtru de 'uma 'ɔra]
alle fünfzehn Minuten	a cada quinze minutos	[a 'kada 'kĩzi mi'nutus]
Tag und Nacht	as vinte e quatro horas	[as 'vĩtʃi i 'kwatru 'ɔras]

19. Monate. Jahreszeiten

Januar (m)	janeiro (m)	[ʒa'nejru]
Februar (m)	fevereiro (m)	[feve'rejru]
März (m)	março (m)	['marsu]
April (m)	abril (m)	[a'briw]
Mai (m)	maio (m)	['maju]
Juni (m)	junho (m)	['ʒuɲu]

Juli (m)	julho (m)	['ʒuʎu]
August (m)	agosto (m)	[a'gostu]
September (m)	setembro (m)	[se'tẽbru]
Oktober (m)	outubro (m)	[o'tubru]

November (m)	novembro (m)	[no'vĕbru]
Dezember (m)	dezembro (m)	[de'zĕbru]

Frühling (m)	primavera (f)	[prima'vɛra]
im Frühling	na primavera	[na prima'vɛra]
Frühlings-	primaveril	[primave'riw]

Sommer (m)	verão (m)	[ve'rãw]
im Sommer	no verão	[nu ve'rãw]
Sommer-	de verão	[de ve'rãw]

Herbst (m)	outono (m)	[o'tɔnu]
im Herbst	no outono	[nu o'tɔnu]
Herbst-	outonal	[oto'naw]

Winter (m)	inverno (m)	[ĩ'vɛrnu]
im Winter	no inverno	[nu ĩ'vɛrnu]
Winter-	de inverno	[de ĩ'vɛrnu]

Monat (m)	mês (m)	[mes]
in diesem Monat	este mês	['estʃi mes]
nächsten Monat	mês que vem	['mes ki vĕj]
letzten Monat	no mês passado	[no mes pa'sadu]
vor einem Monat	um mês atrás	[ũ 'mes a'trajs]
über eine Monat	em um mês	[ĕ ũ mes]
in zwei Monaten	em dois meses	[ĕ dojs 'mezis]
den ganzen Monat	um mês inteiro	[ũ mes ĩ'tejru]

monatlich (Adj)	mensal	[mĕ'saw]
monatlich (Adv)	mensalmente	[mĕsaw'mĕtʃi]
jeden Monat	todo mês	['todu 'mes]
zweimal pro Monat	duas vezes por mês	['duas 'vezis por mes]

Jahr (n)	ano (m)	['anu]
dieses Jahr	este ano	['estʃi 'anu]
nächstes Jahr	ano que vem	['anu ki vĕj]
voriges Jahr	no ano passado	[nu 'anu pa'sadu]

vor einem Jahr	há um ano	[a ũ 'anu]
in einem Jahr	em um ano	[ĕ ũ 'anu]
in zwei Jahren	dentro de dois anos	['dĕtru de 'dojs 'anus]
das ganze Jahr	um ano inteiro	[ũ 'anu ĩ'tejru]

jedes Jahr	cada ano	['kada 'anu]
jährlich (Adj)	anual	[a'nwaw]
jährlich (Adv)	anualmente	[anwaw'mĕte]
viermal pro Jahr	quatro vezes por ano	['kwatru 'vezis por 'anu]

Datum (heutige ~)	data (f)	['data]
Datum (Geburts-)	data (f)	['data]
Kalender (m)	calendário (m)	[kalĕ'darʒu]

ein halbes Jahr	meio ano	['meju 'anu]
Halbjahr (n)	seis meses	['sejs 'mezis]
Saison (f)	estação (f)	[ista'sãw]
Jahrhundert (n)	século (m)	['sɛkulu]

REISEN. HOTEL

20. Ausflug. Reisen

Tourismus (m)	turismo (m)	[tu'rizmu]
Tourist (m)	turista (m)	[tu'rista]
Reise (f)	viagem (f)	['vjaʒẽ]
Abenteuer (n)	aventura (f)	[avẽ'tura]
Fahrt (f)	viagem (f)	['vjaʒẽ]
Urlaub (m)	férias (f pl)	['fɛrjas]
auf Urlaub sein	estar de férias	[is'tar de 'fɛrjas]
Erholung (f)	descanso (m)	[dʒis'kãsu]
Zug (m)	trem (m)	[trẽj]
mit dem Zug	de trem	[de trẽj]
Flugzeug (n)	avião (m)	[a'vjãw]
mit dem Flugzeug	de avião	[de a'vjãw]
mit dem Auto	de carro	[de 'kaho]
mit dem Schiff	de navio	[de na'viu]
Gepäck (n)	bagagem (f)	[ba'gaʒẽ]
Koffer (m)	mala (f)	['mala]
Gepäckwagen (m)	carrinho (m)	[ka'hiɲu]
Pass (m)	passaporte (m)	[pasa'pɔrtʃi]
Visum (n)	visto (m)	['vistu]
Fahrkarte (f)	passagem (f)	[pa'saʒẽ]
Flugticket (n)	passagem (f) aérea	[pa'saʒẽ a'erja]
Reiseführer (m)	guia (m) de viagem	['gia de vi'aʒẽ]
Landkarte (f)	mapa (m)	['mapa]
Gegend (f)	área (f)	['arja]
Ort (wunderbarer ~)	lugar (m)	[lu'gar]
Exotika (pl)	exotismo (m)	[ezo'tʃizmu]
exotisch	exótico	[e'zɔtʃiku]
erstaunlich (Adj)	surpreendente	[surprjẽ'dẽtʃi]
Gruppe (f)	grupo (m)	['grupu]
Ausflug (m)	excursão (f)	[iskur'sãw]
Reiseleiter (m)	guia (m)	['gia]

21. Hotel

Hotel (n)	hotel (m)	[o'tɛw]
Motel (n)	motel (m)	[mo'tɛw]
drei Sterne	três estrelas	['tres is'trelas]

| fünf Sterne | cinco estrelas | ['sĩku is'trelas] |
| absteigen (vi) | ficar (vi, vt) | [fi'kar] |

Hotelzimmer (n)	quarto (m)	['kwartu]
Einzelzimmer (n)	quarto (m) individual	['kwartu ĩdʒivi'dwaw]
Zweibettzimmer (n)	quarto (m) duplo	['kwartu 'duplu]
reservieren (vt)	reservar um quarto	[hezer'var ũ 'kwartu]

| Halbpension (f) | meia pensão (f) | ['meja pẽ'sãw] |
| Vollpension (f) | pensão (f) completa | [pẽ'sãw kõ'plɛta] |

mit Bad	com banheira	[kõ ba'ɲejra]
mit Dusche	com chuveiro	[kõ ʃu'vejru]
Satellitenfernsehen (n)	televisão (m) por satélite	[televi'zãw por sa'tɛlitʃi]
Klimaanlage (f)	ar (m) condicionado	[ar kõdʒisjo'nadu]
Handtuch (n)	toalha (f)	[to'aʎa]
Schlüssel (m)	chave (f)	['ʃavi]

Verwalter (m)	administrador (m)	[adʒiministra'dor]
Zimmermädchen (n)	camareira (f)	[kama'rejra]
Träger (m)	bagageiro (m)	[baga'ʒejru]
Portier (m)	porteiro (m)	[por'tejru]

Restaurant (n)	restaurante (m)	[hestaw'rãtʃi]
Bar (f)	bar (m)	[bar]
Frühstück (n)	café (m) da manhã	[ka'fɛ da ma'ɲã]
Abendessen (n)	jantar (m)	[ʒã'tar]
Buffet (n)	bufê (m)	[bu'fe]

| Foyer (n) | saguão (m) | [sa'gwãw] |
| Aufzug (m), Fahrstuhl (m) | elevador (m) | [eleva'dor] |

| BITTE NICHT STÖREN! | NÃO PERTURBE | ['nãw per'turbi] |
| RAUCHEN VERBOTEN! | PROIBIDO FUMAR! | [proi'bidu fu'mar] |

22. Sehenswürdigkeiten

Denkmal (n)	monumento (m)	[monu'mẽtu]
Festung (f)	fortaleza (f)	[forta'leza]
Palast (m)	palácio (m)	[pa'lasju]
Schloss (n)	castelo (m)	[kas'tɛlu]
Turm (m)	torre (f)	['tohi]
Mausoleum (n)	mausoléu (m)	[mawzo'lɛw]

Architektur (f)	arquitetura (f)	[arkite'tura]
mittelalterlich	medieval	[medʒje'vaw]
alt (antik)	antigo	[ã'tʃigu]
national	nacional	[nasjo'naw]
berühmt	famoso	[fa'mozu]

Tourist (m)	turista (m)	[tu'rista]
Fremdenführer (m)	guia (m)	['gia]
Ausflug (m)	excursão (f)	[iskur'sãw]
zeigen (vt)	mostrar (vt)	[mos'trar]

erzählen (vt)	contar (vt)	[kõ'tar]
finden (vt)	encontrar (vt)	[ẽkõ'trar]
sich verlieren	perder-se (vr)	[per'dersi]
Karte (U-Bahn ~)	mapa (m)	['mapa]
Karte (Stadt-)	mapa (m)	['mapa]

Souvenir (n)	lembrança (f), presente (m)	[lẽ'brãsa], [pre'zẽtʃi]
Souvenirladen (m)	loja (f) de presentes	['lɔʒa de pre'zẽtʃis]
fotografieren (vt)	tirar fotos	[tʃi'rar 'fotus]
sich fotografieren	fotografar-se (vr)	[fotogra'farse]

TRANSPORT

23. Flughafen

Flughafen (m)	aeroporto (m)	[aero'portu]
Flugzeug (n)	avião (m)	[a'vjãw]
Fluggesellschaft (f)	companhia (f) aérea	[kõpa'ɲia a'erja]
Fluglotse (m)	controlador (m) de tráfego aéreo	[kõtrola'dor de 'trafegu a'erju]
Abflug (m)	partida (f)	[par'tʃida]
Ankunft (f)	chegada (f)	[ʃe'gada]
anfliegen (vi)	chegar (vi)	[ʃe'gar]
Abflugzeit (f)	hora (f) de partida	['ɔra de par'tʃida]
Ankunftszeit (f)	hora (f) de chegada	['ɔra de ʃe'gada]
sich verspäten	estar atrasado	[is'tar atra'zadu]
Abflugverspätung (f)	atraso (m) de voo	[a'trazu de 'vou]
Anzeigetafel (f)	painel (m) de informação	[paj'nɛw de ĩforma'sãw]
Information (f)	informação (f)	[ĩforma'sãw]
ankündigen (vt)	anunciar (vt)	[anũ'sjar]
Flug (m)	voo (m)	['vou]
Zollamt (n)	alfândega (f)	[aw'fãdʒiga]
Zollbeamter (m)	funcionário (m) da alfândega	[fũsjo'narju da aw'fãdʒiga]
Zolldeklaration (f)	declaração (f) alfandegária	[deklara'sãw awfãde'garja]
ausfüllen (vt)	preencher (vt)	[preë'ʃer]
die Zollerklärung ausfüllen	preencher a declaração	[preë'ʃer a deklara'sãw]
Passkontrolle (f)	controle (m) de passaporte	[kõ'troli de pasa'pɔrtʃi]
Gepäck (n)	bagagem (f)	[ba'gaʒẽ]
Handgepäck (n)	bagagem (f) de mão	[ba'gaʒẽ de 'mãw]
Kofferkuli (m)	carrinho (m)	[ka'hiɲu]
Landung (f)	pouso (m)	['pozu]
Landebahn (f)	pista (f) de pouso	['pista de 'pozu]
landen (vi)	aterrissar (vi)	[atehi'sar]
Fluggasttreppe (f)	escada (f) de avião	[is'kada de a'vjãw]
Check-in (n)	check-in (m)	[ʃɛ'kin]
Check-in-Schalter (m)	balcão (m) do check-in	[baw'kãw du ʃɛ'kin]
sich registrieren lassen	fazer o check-in	[fa'zer u ʃɛ'kin]
Bordkarte (f)	cartão (m) de embarque	[kar'tãw de ẽ'barki]
Abfluggate (n)	portão (m) de embarque	[por'tãw de ẽ'barki]
Transit (m)	trânsito (m)	['trãzitu]
warten (vi)	esperar (vt)	[ispe'rar]

Wartesaal (m)	sala (f) de espera	['sala de is'pɛra]
begleiten (vt)	despedir-se de ...	[dʒispe'dʒirsi de]
sich verabschieden	despedir-se (vr)	[dʒispe'dʒirsi]

24. Flugzeug

Flugzeug (n)	avião (m)	[a'vjãw]
Flugticket (n)	passagem (f) aérea	[pa'saʒẽ a'erja]
Fluggesellschaft (f)	companhia (f) aérea	[kõpa'ɲia a'erja]
Flughafen (m)	aeroporto (m)	[aero'portu]
Überschall-	supersônico	[super'soniku]

Flugkapitän (m)	comandante (m) do avião	[komã'dãtʃi du a'vjãw]
Besatzung (f)	tripulação (f)	[tripula'sãw]
Pilot (m)	piloto (m)	[pi'lotu]
Flugbegleiterin (f)	aeromoça (f)	[aero'mosa]
Steuermann (m)	copiloto (m)	[kopi'lotu]

Flügel (pl)	asas (f pl)	['azas]
Schwanz (m)	cauda (f)	['kawda]
Kabine (f)	cabine (f)	[ka'bini]
Motor (m)	motor (m)	[mo'tor]
Fahrgestell (n)	trem (m) de pouso	[trẽj de 'pozu]
Turbine (f)	turbina (f)	[tur'bina]

| Propeller (m) | hélice (f) | ['ɛlisi] |
| Flugschreiber (m) | caixa-preta (f) | ['kaɪʃa 'preta] |

| Steuerrad (n) | coluna (f) de controle | [ko'luna de kõ'troli] |
| Treibstoff (m) | combustível (m) | [kõbus'tʃivew] |

Sicherheitskarte (f)	instruções (f pl) de segurança	[ĩstru'sõjs de segu'rãsa]
Sauerstoffmaske (f)	máscara (f) de oxigênio	['maskara de oksi'ʒenju]
Uniform (f)	uniforme (m)	[uni'fɔrmi]

| Rettungsweste (f) | colete (m) salva-vidas | [ko'letʃi 'sawva 'vidas] |
| Fallschirm (m) | paraquedas (m) | [para'kɛdas] |

Abflug, Start (m)	decolagem (f)	[deko'laʒẽ]
starten (vi)	descolar (vi)	[dʒisko'lar]
Startbahn (f)	pista (f) de decolagem	['pista de deko'laʒẽ]

| Sicht (f) | visibilidade (f) | [vizibili'dadʒi] |
| Flug (m) | voo (m) | ['vou] |

| Höhe (f) | altura (f) | [aw'tura] |
| Luftloch (n) | poço (m) de ar | ['posu de 'ar] |

Platz (m)	assento (m)	[a'sẽtu]
Kopfhörer (m)	fone (m) de ouvido	['fɔni de o'vidu]
Klapptisch (m)	mesa (f) retrátil	['meza he'tratʃiw]
Bullauge (n)	janela (f)	[ʒa'nɛla]
Durchgang (m)	corredor (m)	[kohe'dor]

31

25. Zug

Zug (m)	trem (m)	[trẽj]
elektrischer Zug (m)	trem (m) elétrico	[trẽj e'lɛtriku]
Schnellzug (m)	trem (m)	[trẽj]
Diesellok (f)	locomotiva (f) diesel	[lokomo'tʃiva 'dʒizew]
Dampflok (f)	locomotiva (f) a vapor	[lokomo'tʃiva a va'por]
Personenwagen (m)	vagão (f) de passageiros	[va'gãw de pasa'ʒejrus]
Speisewagen (m)	vagão-restaurante (m)	[va'gãw-hestaw'rãtʃi]
Schienen (pl)	carris (m pl)	[ka'his]
Eisenbahn (f)	estrada (f) de ferro	[is'trada de 'fɛhu]
Bahnschwelle (f)	travessa (f)	[tra'vɛsa]
Bahnsteig (m)	plataforma (f)	[plata'forma]
Gleis (n)	linha (f)	['liɲa]
Eisenbahnsignal (n)	semáforo (m)	[se'maforu]
Station (f)	estação (f)	[ista'sãw]
Lokomotivführer (m)	maquinista (m)	[maki'nista]
Träger (m)	bagageiro (m)	[baga'ʒejru]
Schaffner (m)	hospedeiro, -a (m, f)	[ospe'dejru, -a]
Fahrgast (m)	passageiro (m)	[pasa'ʒejru]
Fahrkartenkontrolleur (m)	revisor (m)	[hevi'zor]
Flur (m)	corredor (m)	[kohe'dor]
Notbremse (f)	freio (m) de emergência	['freju de imer'ʒẽsja]
Abteil (n)	compartimento (m)	[kõpartʃi'mẽtu]
Liegeplatz (m), Schlafkoje (f)	cama (f)	['kama]
oberer Liegeplatz (m)	cama (f) de cima	['kama de 'sima]
unterer Liegeplatz (m)	cama (f) de baixo	['kama de 'baɪʃu]
Bettwäsche (f)	roupa (f) de cama	['hopa de 'kama]
Fahrkarte (f)	passagem (f)	[pa'saʒẽ]
Fahrplan (m)	horário (m)	[o'rarju]
Anzeigetafel (f)	painel (m) de informação	[paj'nɛw de ĩforma'sãw]
abfahren (der Zug)	partir (vt)	[par'tʃir]
Abfahrt (f)	partida (f)	[par'tʃida]
ankommen (der Zug)	chegar (vi)	[ʃe'gar]
Ankunft (f)	chegada (f)	[ʃe'gada]
mit dem Zug kommen	chegar de trem	[ʃe'gar de trẽj]
in den Zug einsteigen	pegar o trem	[pe'gar u trẽj]
aus dem Zug aussteigen	descer de trem	[de'ser de trẽj]
Zugunglück (n)	acidente (m) ferroviário	[asi'dẽtʃi feho'vjarju]
entgleisen (vi)	descarrilar (vi)	[dʒiskahi'ʎar]
Dampflok (f)	locomotiva (f) a vapor	[lokomo'tʃiva a va'por]
Heizer (m)	foguista (m)	[fo'gista]
Feuerbüchse (f)	fornalha (f)	[for'naʎa]
Kohle (f)	carvão (m)	[kar'vãw]

26. Schiff

Schiff (n)	navio (m)	[na'viu]
Fahrzeug (n)	embarcação (f)	[ēbarka'sāw]
Dampfer (m)	barco (m) a vapor	['barku a va'por]
Motorschiff (n)	barco (m) fluvial	['barku flu'vjaw]
Kreuzfahrtschiff (n)	transatlântico (m)	[trãzat'lãtʃiku]
Kreuzer (m)	cruzeiro (m)	[kru'zejru]
Jacht (f)	iate (m)	['jatʃi]
Schlepper (m)	rebocador (m)	[heboka'dor]
Lastkahn (m)	barcaça (f)	[bar'kasa]
Fähre (f)	ferry (m), balsa (f)	['fɛʀi], ['balsa]
Segelschiff (n)	veleiro (m)	[ve'lejru]
Brigantine (f)	bergantim (m)	[behgã'tʃĩ]
Eisbrecher (m)	quebra-gelo (m)	['kɛbra 'ʒelu]
U-Boot (n)	submarino (m)	[subma'rinu]
Boot (n)	bote, barco (m)	['bɔtʃi], ['barku]
Dingi (n), Beiboot (n)	baleeira (f)	[bale'ejra]
Rettungsboot (n)	bote (m) salva-vidas	['bɔtʃi 'sawva 'vidas]
Motorboot (n)	lancha (f)	['lãʃa]
Kapitän (m)	capitão (m)	[kapi'tãw]
Matrose (m)	marinheiro (m)	[mari'nejru]
Seemann (m)	marujo (m)	[ma'ruʒu]
Besatzung (f)	tripulação (f)	[tripula'sãw]
Bootsmann (m)	contramestre (m)	[kõtra'mɛstri]
Schiffsjunge (m)	grumete (m)	[gru'mɛtʃi]
Schiffskoch (m)	cozinheiro (m) de bordo	[kozi'nejru de 'bɔrdu]
Schiffsarzt (m)	médico (m) de bordo	['mɛdʒiku de 'bɔrdu]
Deck (n)	convés (m)	[kõ'vɛs]
Mast (m)	mastro (m)	['mastru]
Segel (n)	vela (f)	['vɛla]
Schiffsraum (m)	porão (m)	[po'rãw]
Bug (m)	proa (f)	['proa]
Heck (n)	popa (f)	['popa]
Ruder (n)	remo (m)	['hɛmu]
Schraube (f)	hélice (f)	['ɛlisi]
Kajüte (f)	cabine (m)	[ka'bini]
Messe (f)	sala (f) dos oficiais	['sala dus ofi'sjajs]
Maschinenraum (m)	sala (f) das máquinas	['sala das 'makinas]
Kommandobrücke (f)	ponte (m) de comando	['põtʃi de ko'mãdu]
Funkraum (m)	sala (f) de comunicações	['sala de komunika'sõjs]
Radiowelle (f)	onda (f)	['õda]
Schiffstagebuch (n)	diário (m) de bordo	['dʒjarju de 'bɔrdu]
Fernrohr (n)	luneta (f)	[lu'neta]
Glocke (f)	sino (m)	['sinu]

Fahne (f)	bandeira (f)	[bã'dejra]
Seil (n)	cabo (m)	['kabu]
Knoten (m)	nó (m)	[nɔ]

| Geländer (n) | corrimão (m) | [kohi'mãw] |
| Treppe (f) | prancha (f) de embarque | ['prãʃa de ẽ'barki] |

Anker (m)	âncora (f)	['ãkora]
den Anker lichten	recolher a âncora	[heko'ʎer a 'ãkora]
Anker werfen	jogar a âncora	[ʒo'gar a 'ãkora]
Ankerkette (f)	amarra (f)	[a'maha]

Hafen (m)	porto (m)	['portu]
Anlegestelle (f)	cais, amarradouro (m)	[kajs], [amaha'doru]
anlegen (vi)	atracar (vi)	[atra'kar]
abstoßen (vt)	desatracar (vi)	[dʒizatra'kar]

Reise (f)	viagem (f)	['vjaʒẽ]
Kreuzfahrt (f)	cruzeiro (m)	[kru'zejru]
Kurs (m), Richtung (f)	rumo (m)	['humu]
Reiseroute (f)	itinerário (m)	[itʃine'rarju]

Fahrwasser (n)	canal (m) de navegação	[ka'naw de navega'sãw]
Untiefe (f)	banco (m) de areia	['bãku de a'reja]
stranden (vi)	encalhar (vt)	[ẽka'ʎar]

Sturm (m)	tempestade (f)	[tẽpes'tadʒi]
Signal (n)	sinal (m)	[si'naw]
untergehen (vi)	afundar-se (vr)	[afũ'darse]
Mann über Bord!	Homem ao mar!	['ɔmẽ aw mah]
SOS	SOS	[ɛseo'ɛsi]
Rettungsring (m)	boia (f) salva-vidas	['bɔja 'sawva 'vidas]

STADT

27. Innerstädtischer Transport

Bus (m)	ônibus (m)	['onibus]
Straßenbahn (f)	bonde (m) elétrico	['bõdʒi e'lɛtriku]
Obus (m)	trólebus (m)	['trɔlebus]
Linie (f)	rota (f), itinerário (m)	['hɔta], [itʃine'rarju]
Nummer (f)	número (m)	['numeru]
mit ... fahren	ir de ...	[ir de]
einsteigen (vi)	entrar no ...	[ẽ'trar nu]
aussteigen (aus dem Bus)	descer do ...	[de'ser du]
Haltestelle (f)	parada (f)	[pa'rada]
nächste Haltestelle (f)	próxima parada (f)	['prɔsima pa'rada]
Endhaltestelle (f)	terminal (m)	[termi'naw]
Fahrplan (m)	horário (m)	[o'rarju]
warten (vi, vt)	esperar (vt)	[ispe'rar]
Fahrkarte (f)	passagem (f)	[pa'saʒẽ]
Fahrpreis (m)	tarifa (f)	[ta'rifa]
Kassierer (m)	bilheteiro (m)	[biʎe'tejru]
Fahrkartenkontrolle (f)	controle (m) de passagens	[kõ'trɔli de pa'saʒãjʃ]
Fahrkartenkontrolleur (m)	revisor (m)	[hevi'zor]
sich verspäten	atrasar-se (vr)	[atra'zarsi]
versäumen (Zug usw.)	perder (vt)	[per'der]
sich beeilen	estar com pressa	[is'tar kõ 'prɛsa]
Taxi (n)	táxi (m)	['taksi]
Taxifahrer (m)	taxista (m)	[tak'sista]
mit dem Taxi	de táxi	[de 'taksi]
Taxistand (m)	ponto (m) de táxis	['põtu de 'taksis]
ein Taxi rufen	chamar um táxi	[ʃa'mar ũ 'taksi]
ein Taxi nehmen	pegar um táxi	[pe'gar ũ 'taksi]
Straßenverkehr (m)	tráfego (m)	['trafegu]
Stau (m)	engarrafamento (m)	[ẽgahafa'mẽtu]
Hauptverkehrszeit (f)	horas (f pl) de pico	['ɔras de 'piku]
parken (vi)	estacionar (vi)	[istasjo'nar]
parken (vt)	estacionar (vt)	[istasjo'nar]
Parkplatz (m)	parque (m) de estacionamento	['parki de istasjona'mẽtu]
U-Bahn (f)	metrô (m)	[me'tro]
Station (f)	estação (f)	[ista'sãw]
mit der U-Bahn fahren	ir de metrô	[ir de me'tro]
Zug (m)	trem (m)	[trẽj]
Bahnhof (m)	estação (f) de trem	[ista'sãw de trẽj]

28. Stadt. Leben in der Stadt

Stadt (f)	cidade (f)	[si'dadʒi]
Hauptstadt (f)	capital (f)	[kapi'taw]
Dorf (n)	aldeia (f)	[aw'deja]

Stadtplan (m)	mapa (m) da cidade	['mapa da si'dadʒi]
Stadtzentrum (n)	centro (m) da cidade	['sẽtru da si'dadʒi]
Vorort (m)	subúrbio (m)	[su'burbju]
Vorort-	suburbano	[subur'banu]

Stadtrand (m)	periferia (f)	[perife'ria]
Umgebung (f)	arredores (m pl)	[ahe'doris]
Stadtviertel (n)	quarteirão (m)	[kwartej'rãw]
Wohnblock (m)	quarteirão (m) residencial	[kwartej'rãw hezidẽ'sjaw]

Straßenverkehr (m)	tráfego (m)	['trafegu]
Ampel (f)	semáforo (m)	[se'maforu]
Stadtverkehr (m)	transporte (m) público	[trãs'portʃi 'publiku]
Straßenkreuzung (f)	cruzamento (m)	[kruza'mẽtu]

Übergang (m)	faixa (f)	['fajʃa]
Fußgängerunterführung (f)	túnel (m)	['tunew]
überqueren (vt)	cruzar, atravessar (vt)	[kru'zar], [atrave'sar]
Fußgänger (m)	pedestre (m)	[pe'dɛstri]
Gehweg (m)	calçada (f)	[kaw'sada]

Brücke (f)	ponte (f)	['põtʃi]
Kai (m)	margem (f) do rio	['marʒẽ du 'hiu]
Springbrunnen (m)	fonte (f)	['fõtʃi]

Allee (f)	alameda (f)	[ala'meda]
Park (m)	parque (m)	['parki]
Boulevard (m)	bulevar (m)	[bule'var]
Platz (m)	praça (f)	['prasa]
Avenue (f)	avenida (f)	[ave'nida]
Straße (f)	rua (f)	['hua]
Gasse (f)	travessa (f)	[tra'vɛsa]
Sackgasse (f)	beco (m) sem saída	['beku sẽ sa'ida]

Haus (n)	casa (f)	['kaza]
Gebäude (n)	edifício, prédio (m)	[edʒi'fisju], ['prɛdʒju]
Wolkenkratzer (m)	arranha-céu (m)	[a'haɲa-sɛw]

Fassade (f)	fachada (f)	[fa'ʃada]
Dach (n)	telhado (m)	[te'ʎadu]
Fenster (n)	janela (f)	[ʒa'nɛla]
Bogen (m)	arco (m)	['arku]
Säule (f)	coluna (f)	[ko'luna]
Ecke (f)	esquina (f)	[is'kina]

Schaufenster (n)	vitrine (f)	[vi'trini]
Firmenschild (n)	letreiro (m)	[le'trejru]
Anschlag (m)	cartaz (m)	[kar'taz]
Werbeposter (m)	cartaz (m) publicitário	[kar'taz publisi'tarju]

Werbeschild (n)	painel (m) publicitário	[paj'nɛw publisi'tarju]
Müll (m)	lixo (m)	['liʃu]
Mülleimer (m)	lixeira (f)	[li'ʃejra]
Abfall wegwerfen	jogar lixo na rua	[ʒo'gar 'liʃu na 'hua]
Mülldeponie (f)	aterro (m) sanitário	[a'tehu sani'tarju]

Telefonzelle (f)	orelhão (m)	[ore'ʎãw]
Straßenlaterne (f)	poste (m) de luz	['pɔstʃi de luz]
Bank (Park-)	banco (m)	['bãku]

Polizist (m)	polícia (m)	[po'lisja]
Polizei (f)	polícia (f)	[po'lisja]
Bettler (m)	mendigo, pedinte (m)	[mẽ'dʒigu], [pe'dʒĩtʃi]
Obdachlose (m)	desabrigado (m)	[dʒizabri'gadu]

29. Innerstädtische Einrichtungen

Laden (m)	loja (f)	['lɔʒa]
Apotheke (f)	drogaria (f)	[droga'ria]
Optik (f)	ótica (f)	['ɔtʃika]
Einkaufszentrum (n)	centro (m) comercial	['sẽtru komer'sjaw]
Supermarkt (m)	supermercado (m)	[supermer'kadu]

Bäckerei (f)	padaria (f)	[pada'ria]
Bäcker (m)	padeiro (m)	[pa'dejru]
Konditorei (f)	pastelaria (f)	[pastela'ria]
Lebensmittelladen (m)	mercearia (f)	[mersja'ria]
Metzgerei (f)	açougue (m)	[a'sogi]

| Gemüseladen (m) | fruteira (f) | [fru'tejra] |
| Markt (m) | mercado (m) | [mer'kadu] |

Kaffeehaus (n)	cafeteria (f)	[kafete'ria]
Restaurant (n)	restaurante (m)	[hestaw'rãtʃi]
Bierstube (f)	bar (m)	[bar]
Pizzeria (f)	pizzaria (f)	[pitsa'ria]

Friseursalon (m)	salão (m) de cabeleireiro	[sa'lãw de kabelej'rejru]
Post (f)	agência (f) dos correios	[a'ʒẽsja dus ko'hejus]
chemische Reinigung (f)	lavanderia (f)	[lavãde'ria]
Fotostudio (n)	estúdio (m) fotográfico	[is'tudʒu foto'grafiku]

Schuhgeschäft (n)	sapataria (f)	[sapata'ria]
Buchhandlung (f)	livraria (f)	[livra'ria]
Sportgeschäft (n)	loja (f) de artigos esportivos	['lɔʒa de ar'tʃigus ispor'tʃivus]

Kleiderreparatur (f)	costureira (m)	[kostu'rejra]
Bekleidungsverleih (m)	aluguel (m) de roupa	[alu'gɛw de 'hopa]
Videothek (f)	videolocadora (f)	['vidʒju·loka'dɔra]

Zirkus (m)	circo (m)	['sirku]
Zoo (m)	jardim (m) zoológico	[ʒar'dʒĩ zo'lɔʒiku]
Kino (n)	cinema (m)	[si'nɛma]
Museum (n)	museu (m)	[mu'zew]

Bibliothek (f)	biblioteca (f)	[bibljo'tɛka]
Theater (n)	teatro (m)	['tʃatru]
Opernhaus (n)	ópera (f)	['ɔpera]
Nachtklub (m)	boate (f)	['bwatʃi]
Kasino (n)	cassino (m)	[ka'sinu]

Moschee (f)	mesquita (f)	[mes'kita]
Synagoge (f)	sinagoga (f)	[sina'gɔga]
Kathedrale (f)	catedral (f)	[kate'draw]
Tempel (m)	templo (m)	['tẽplu]
Kirche (f)	igreja (f)	[i'greʒa]

Institut (n)	faculdade (f)	[fakuw'dadʒi]
Universität (f)	universidade (f)	[universi'dadʒi]
Schule (f)	escola (f)	[is'kɔla]

Präfektur (f)	prefeitura (f)	[prefej'tura]
Rathaus (n)	câmara (f) municipal	['kamara munisi'paw]
Hotel (n)	hotel (m)	[o'tɛw]
Bank (f)	banco (m)	['bãku]

Botschaft (f)	embaixada (f)	[ẽbaj'ʃada]
Reisebüro (n)	agência (f) de viagens	[a'ʒẽsja de 'vjaʒẽs]
Informationsbüro (n)	agência (f) de informações	[a'ʒẽsja de ĩforma'sõjs]
Wechselstube (f)	casa (f) de câmbio	['kaza de 'kãbju]

| U-Bahn (f) | metrô (m) | [me'tro] |
| Krankenhaus (n) | hospital (m) | [ospi'taw] |

| Tankstelle (f) | posto (m) de gasolina | ['postu de gazo'lina] |
| Parkplatz (m) | parque (m) de estacionamento | ['parki de istasjona'mẽtu] |

30. Schilder

Firmenschild (n)	letreiro (m)	[le'trejru]
Aufschrift (f)	aviso (m)	[a'vizu]
Plakat (n)	pôster (m)	['poster]
Wegweiser (m)	placa (f) de direção	['plaka]
Pfeil (m)	seta (f)	['sɛta]

Vorsicht (f)	aviso (m), advertência (f)	[a'vizu], [adʒiver'tẽsja]
Warnung (f)	sinal (m) de aviso	[si'naw de a'vizu]
warnen (vt)	avisar, advertir (vt)	[avi'zar], [adʒiver'tʃir]

freier Tag (m)	dia (m) de folga	['dʒia de 'fowga]
Fahrplan (m)	horário (m)	[o'rarju]
Öffnungszeiten (pl)	horário (m)	[o'rarju]

HERZLICH WILLKOMMEN!	BEM-VINDOS!	[bẽj 'vĩdu]
EINGANG	ENTRADA	[ẽ'trada]
AUSGANG	SAÍDA	[sa'ida]
DRÜCKEN	EMPURRE	[ẽ'puhe]
ZIEHEN	PUXE	['puʃe]

| GEÖFFNET | ABERTO | [a'bɛrtu] |
| GESCHLOSSEN | FECHADO | [fe'ʃadu] |

| DAMEN, FRAUEN | MULHER | [mu'ʎer] |
| HERREN, MÄNNER | HOMEM | ['ɔmẽ] |

AUSVERKAUF	DESCONTOS	[dʒis'kõtus]
REDUZIERT	SALDOS, PROMOÇÃO	['sawdus], [promo'sãw]
NEU!	NOVIDADE!	[novi'dadʒi]
GRATIS	GRÁTIS	['gratʃis]

ACHTUNG!	ATENÇÃO!	[atẽ'sãw]
ZIMMER BELEGT	NÃO HÁ VAGAS	['nãw a 'vagas]
RESERVIERT	RESERVADO	[hezer'vadu]

| VERWALTUNG | ADMINISTRAÇÃO | [adʒiministra'sãw] |
| NUR FÜR PERSONAL | SOMENTE PESSOAL AUTORIZADO | [sɔ'mẽtʃi pe'swaw awtori'zadu] |

VORSICHT BISSIGER HUND	CUIDADO CÃO FEROZ	[kwi'dadu kãw fe'rɔz]
RAUCHEN VERBOTEN!	PROIBIDO FUMAR!	[proi'bidu fu'mar]
BITTE NICHT BERÜHREN	NÃO TOCAR	['nãw to'kar]

GEFÄHRLICH	PERIGOSO	[peri'gozu]
VORSICHT!	PERIGO	[pe'rigu]
HOCHSPANNUNG	ALTA TENSÃO	['awta tẽ'sãw]
BADEN VERBOTEN	PROIBIDO NADAR	[proi'bidu na'dar]
AUßER BETRIEB	COM DEFEITO	[kõ de'fejtu]

LEICHTENTZÜNDLICH	INFLAMÁVEL	[ĩfla'mavew]
VERBOTEN	PROIBIDO	[proi'bidu]
DURCHGANG VERBOTEN	ENTRADA PROIBIDA	[ẽ'trada proi'bida]
FRISCH GESTRICHEN	CUIDADO TINTA FRESCA	[kwi'dadu 'tʃĩta 'freska]

31. Shopping

kaufen (vt)	comprar (vt)	[kõ'prar]
Einkauf (m)	compra (f)	['kõpra]
einkaufen gehen	fazer compras	[fa'zer 'kõpras]
Einkaufen (n)	compras (f pl)	['kõpras]

| offen sein (Laden) | estar aberta | [is'tar a'bɛrta] |
| zu sein | estar fechada | [is'tar fe'ʃada] |

Schuhe (pl)	calçado (m)	[kaw'sadu]
Kleidung (f)	roupa (f)	['hopa]
Kosmetik (f)	cosméticos (m pl)	[koz'mɛtʃikus]
Lebensmittel (pl)	alimentos (m pl)	[ali'mẽtus]
Geschenk (n)	presente (m)	[pre'zẽtʃi]

| Verkäufer (m) | vendedor (m) | [vẽde'dor] |
| Verkäuferin (f) | vendedora (f) | [vẽde'dora] |

Kasse (f)	caixa (f)	['kaɪʃa]
Spiegel (m)	espelho (m)	[is'peʎu]
Ladentisch (m)	balcão (m)	[baw'kãw]
Umkleidekabine (f)	provador (m)	[prɔva'dor]

anprobieren (vt)	provar (vt)	[pro'var]
passen (Schuhe, Kleid)	servir (vi)	[ser'vir]
gefallen (vi)	gostar (vt)	[gos'tar]

Preis (m)	preço (m)	['presu]
Preisschild (n)	etiqueta (f) de preço	[etʃi'keta de 'presu]
kosten (vt)	custar (vt)	[kus'tar]
Wie viel?	Quanto?	['kwãtu]
Rabatt (m)	desconto (m)	[dʒis'kõtu]

preiswert	não caro	['nãw 'karu]
billig	barato	[ba'ratu]
teuer	caro	['karu]
Das ist teuer	É caro	[ɛ 'karu]

Verleih (m)	aluguel (m)	[alu'gɛw]
leihen, mieten (ein Auto usw.)	alugar (vt)	[alu'gar]
Kredit (m), Darlehen (n)	crédito (m)	['krɛdʒitu]
auf Kredit	a crédito	[a 'krɛdʒitu]

KLEIDUNG & ACCESSOIRES

32. Oberbekleidung. Mäntel

Kleidung (f)	roupa (f)	['hopa]
Oberkleidung (f)	roupa (f) exterior	['hopa iste'rjor]
Winterkleidung (f)	roupa (f) de inverno	['hopa de ĩ'vɛrnu]
Mantel (m)	sobretudo (m)	[sobri'tudu]
Pelzmantel (m)	casaco (m) de pele	[kaz'aku de 'pɛli]
Pelzjacke (f)	jaqueta (f) de pele	[ʒa'keta de 'pɛli]
Daunenjacke (f)	casaco (m) acolchoado	[ka'zaku akow'ʃwadu]
Jacke (z.B. Lederjacke)	casaco (m), jaqueta (f)	[kaz'aku], [ʒa'keta]
Regenmantel (m)	impermeável (m)	[ĩper'mjavew]
wasserdicht	a prova d'água	[a 'prɔva 'dagwa]

33. Herren- & Damenbekleidung

Hemd (n)	camisa (f)	[ka'miza]
Hose (f)	calça (f)	['kawsa]
Jeans (pl)	jeans (m)	['dʒins]
Jackett (n)	paletó, terno (m)	[pale'tɔ], ['tɛrnu]
Anzug (m)	terno (m)	['tɛrnu]
Damenkleid (n)	vestido (m)	[ves'tʃidu]
Rock (m)	saia (f)	['saja]
Bluse (f)	blusa (f)	['bluza]
Strickjacke (f)	casaco (m) de malha	[ka'zaku de 'maʎa]
Jacke (Damen Kostüm)	casaco, blazer (m)	[ka'zaku], ['blejzer]
T-Shirt (n)	camiseta (f)	[kami'zɛta]
Shorts (pl)	short (m)	['ʃortʃi]
Sportanzug (m)	training (m)	['trejnĩŋ]
Bademantel (m)	roupão (m) de banho	[ho'pãw de 'baɲu]
Schlafanzug (m)	pijama (m)	[pi'ʒama]
Sweater (m)	suéter (m)	['swɛter]
Pullover (m)	pulôver (m)	[pu'lover]
Weste (f)	colete (m)	[ko'letʃi]
Frack (m)	fraque (m)	['fraki]
Smoking (m)	smoking (m)	[iz'mokĩs]
Uniform (f)	uniforme (m)	[uni'fɔrmi]
Arbeitskleidung (f)	roupa (f) de trabalho	['hopa de tra'baʎu]
Overall (m)	macacão (m)	[maka'kãws]
Kittel (z.B. Arztkittel)	jaleco (m), bata (f)	[ʒa'lɛku], ['bata]

34. Kleidung. Unterwäsche

Unterwäsche (f)	roupa (f) íntima	['hopa 'ĩtʃima]
Herrenslip (m)	cueca boxer (f)	['kwɛka 'bɔkser]
Damenslip (m)	calcinha (f)	[kaw'siɲa]
Unterhemd (n)	camiseta (f)	[kami'zɛta]
Socken (pl)	meias (f pl)	['mejas]
Nachthemd (n)	camisola (f)	[kami'zɔla]
Büstenhalter (m)	sutiã (m)	[su'tʃjã]
Kniestrümpfe (pl)	meias longas (f pl)	['mejas 'lõgas]
Strumpfhose (f)	meias-calças (f pl)	['mejas 'kalsas]
Strümpfe (pl)	meias (f pl)	['mejas]
Badeanzug (m)	maiô (m)	[ma'jo]

35. Kopfbekleidung

Mütze (f)	chapéu (m), touca (f)	[ʃa'pɛw], ['toka]
Filzhut (m)	chapéu (m) de feltro	[ʃa'pɛw de 'fewtru]
Baseballkappe (f)	boné (m) de beisebol	[bo'nɛ de bejsi'bɔw]
Schiebermütze (f)	boina (f)	['bojna]
Baskenmütze (f)	boina (f) francesa	['bojna frã'seza]
Kapuze (f)	capuz (m)	[ka'puz]
Panamahut (m)	chapéu panamá (m)	[ʃa'pɛw pana'ma]
Strickmütze (f)	touca (f)	['toka]
Kopftuch (n)	lenço (m)	['lẽsu]
Damenhut (m)	chapéu (m) feminino	[ʃa'pɛw femi'ninu]
Schutzhelm (m)	capacete (m)	[kapa'setʃi]
Feldmütze (f)	bibico (m)	[bi'biko]
Helm (z.B. Motorradhelm)	capacete (m)	[kapa'setʃi]
Melone (f)	chapéu-coco (m)	[ʃa'pɛw 'koku]
Zylinder (m)	cartola (f)	[kar'tɔla]

36. Schuhwerk

Schuhe (pl)	calçado (m)	[kaw'sadu]
Stiefeletten (pl)	botinas (f pl), sapatos (m pl)	[bo'tʃinas], [sapa'tõjs]
Halbschuhe (pl)	sapatos (m pl)	[sa'patus]
Stiefel (pl)	botas (f pl)	['bɔtas]
Hausschuhe (pl)	pantufas (f pl)	[pã'tufas]
Tennisschuhe (pl)	tênis (m pl)	['tenis]
Leinenschuhe (pl)	tênis (m pl)	['tenis]
Sandalen (pl)	sandálias (f pl)	[sã'dalias]
Schuster (m)	sapateiro (m)	[sapa'tejru]
Absatz (m)	salto (m)	['sawtu]

Paar (n)	par (m)	[par]
Schnürsenkel (m)	cadarço (m)	[ka'darsu]
schnüren (vt)	amarrar os cadarços	[ama'har us ka'darsus]
Schuhlöffel (m)	calçadeira (f)	[kawsa'dejra]
Schuhcreme (f)	graxa (f) para calçado	['graʃa 'para kaw'sadu]

37. Persönliche Accessoires

Handschuhe (pl)	luva (f)	['luva]
Fausthandschuhe (pl)	mitenes (f pl)	[mi'tɛnes]
Schal (Kaschmir-)	cachecol (m)	[kaʃe'kɔw]

Brille (f)	óculos (m pl)	['ɔkulus]
Brillengestell (n)	armação (f)	[arma'sãw]
Regenschirm (m)	guarda-chuva (m)	['gwarda 'ʃuva]
Spazierstock (m)	bengala (f)	[bẽ'gala]
Haarbürste (f)	escova (f) para o cabelo	[is'kova 'para u ka'belu]
Fächer (m)	leque (m)	['lɛki]

Krawatte (f)	gravata (f)	[gra'vata]
Fliege (f)	gravata-borboleta (f)	[gra'vata borbo'leta]
Hosenträger (pl)	suspensórios (m pl)	[suspẽ'sɔrjus]
Taschentuch (n)	lenço (m)	['lẽsu]

Kamm (m)	pente (m)	['pẽtʃi]
Haarspange (f)	fivela (f) para cabelo	[fi'vɛla 'para ka'belu]
Haarnadel (f)	grampo (m)	['grãpu]
Schnalle (f)	fivela (f)	[fi'vɛla]

| Gürtel (m) | cinto (m) | ['sĩtu] |
| Umhängegurt (m) | alça (f) de ombro | ['awsa de 'õbru] |

Tasche (f)	bolsa (f)	['bowsa]
Handtasche (f)	bolsa, carteira (f)	['bowsa], [kar'tejra]
Rucksack (m)	mochila (f)	[mo'ʃila]

38. Kleidung. Verschiedenes

Mode (f)	moda (f)	['mɔda]
modisch	na moda	[na 'mɔda]
Modedesigner (m)	estilista (m)	[istʃi'lista]

Kragen (m)	colarinho (m)	[kola'riɲu]
Tasche (f)	bolso (m)	['bowsu]
Taschen-	de bolso	[de 'bowsu]
Ärmel (m)	manga (f)	['mãga]
Aufhänger (m)	ganchinho (m)	[gã'ʃiɲu]
Hosenschlitz (m)	bragueta (f)	[bra'gwetʃi]

Reißverschluss (m)	zíper (m)	['ziper]
Verschluss (m)	colchete (m)	[kow'ʃetʃi]
Knopf (m)	botão (m)	[bo'tãw]

| Knopfloch (n) | botoeira (f) | [bo'twejra] |
| abgehen (Knopf usw.) | soltar-se (vr) | [sow'tarsi] |

nähen (vi, vt)	costurar (vi)	[kostu'rar]
sticken (vt)	bordar (vt)	[bor'dar]
Stickerei (f)	bordado (m)	[bor'dadu]
Nadel (f)	agulha (f)	[a'guʎa]
Faden (m)	fio, linha (f)	['fiu], ['liɲa]
Naht (f)	costura (f)	[kos'tura]

sich beschmutzen	sujar-se (vr)	[su'ʒarsi]
Fleck (m)	mancha (f)	['mãʃa]
sich knittern	amarrotar-se (vr)	[amaho'tarse]
zerreißen (vt)	rasgar (vt)	[haz'gar]
Motte (f)	traça (f)	['trasa]

39. Kosmetikartikel. Kosmetik

Zahnpasta (f)	pasta (f) de dente	['pasta de 'dẽtʃi]
Zahnbürste (f)	escova (f) de dente	[is'kova de 'dẽtʃi]
Zähne putzen	escovar os dentes	[isko'var us 'dẽtʃis]

Rasierer (m)	gilete (f)	[ʒi'lɛtʃi]
Rasiercreme (f)	creme (m) de barbear	['krɛmi de bar'bjar]
sich rasieren	barbear-se (vr)	[bar'bjarsi]

| Seife (f) | sabonete (m) | [sabo'netʃi] |
| Shampoo (n) | xampu (m) | [ʃã'pu] |

Schere (f)	tesoura (f)	[te'zora]
Nagelfeile (f)	lixa (f) de unhas	['liʃa de 'uɲas]
Nagelzange (f)	corta-unhas (m)	['kɔrta 'uɲas]
Pinzette (f)	pinça (f)	['pĩsa]

Kosmetik (f)	cosméticos (m pl)	[koz'mɛtʃikus]
Gesichtsmaske (f)	máscara (f)	['maskara]
Maniküre (f)	manicure (f)	[mani'kuri]
Maniküre machen	fazer as unhas	[fa'zer as 'uɲas]
Pediküre (f)	pedicure (f)	[pedi'kure]

Kosmetiktasche (f)	bolsa (f) de maquiagem	['bowsa de ma'kjaʒẽ]
Puder (m)	pó (m)	[pɔ]
Puderdose (f)	pó (m) compacto	[pɔ kõ'paktu]
Rouge (n)	blush (m)	[blaʃ]

Parfüm (n)	perfume (m)	[per'fumi]
Duftwasser (n)	água-de-colônia (f)	['agwa de ko'lonja]
Lotion (f)	loção (f)	[lo'sãw]
Kölnischwasser (n)	colônia (f)	[ko'lonja]

Lidschatten (m)	sombra (f) de olhos	['sõbra de 'oʎus]
Kajalstift (m)	delineador (m)	[delinja'dor]
Wimperntusche (f)	máscara (f), rímel (m)	['maskara], ['himew]
Lippenstift (m)	batom (m)	['batõ]

Nagellack (m)	esmalte (m)	[iz'mawtʃi]
Haarlack (m)	laquê (m), spray fixador (m)	[la'ke], [is'prej fiksa'dor]
Deodorant (n)	desodorante (m)	[dʒizodo'rãtʃi]

Creme (f)	creme (m)	['krɛmi]
Gesichtscreme (f)	creme (m) de rosto	['krɛmi de 'hostu]
Handcreme (f)	creme (m) de mãos	['krɛmi de 'mãws]
Anti-Falten-Creme (f)	creme (m) antirrugas	['krɛmi ãtʃi'hugas]
Tagescreme (f)	creme (m) de dia	['krɛmi de 'dʒia]
Nachtcreme (f)	creme (m) de noite	['krɛmi de 'nojtʃi]
Tages-	de dia	[de 'dʒia]
Nacht-	da noite	[da 'nojtʃi]

Tampon (m)	absorvente (m) interno	[absor'vẽtʃi ĩ'tɛrnu]
Toilettenpapier (n)	papel (m) higiênico	[pa'pɛw i'ʒjeniku]
Föhn (m)	secador (m) de cabelo	[seka'dor de ka'belu]

40. Armbanduhren Uhren

Armbanduhr (f)	relógio (m) de pulso	[he'lɔʒu de 'puwsu]
Zifferblatt (n)	mostrador (m)	[mostra'dor]
Zeiger (m)	ponteiro (m)	[põ'tejru]
Metallarmband (n)	bracelete (f) em aço	[brase'letʃi ẽ 'asu]
Uhrenarmband (n)	bracelete (f) em couro	[brase'letʃi ẽ 'koru]

Batterie (f)	pilha (f)	['piʎa]
verbraucht sein	acabar (vi)	[aka'bar]
die Batterie wechseln	trocar a pilha	[tro'kar a 'piʎa]
vorgehen (vi)	estar adiantado	[is'tar adʒjã'tadu]
nachgehen (vi)	estar atrasado	[is'tar atra'zadu]

Wanduhr (f)	relógio (m) de parede	[he'lɔʒu de pa'redʒi]
Sanduhr (f)	ampulheta (f)	[ãpu'ʎeta]
Sonnenuhr (f)	relógio (m) de sol	[he'lɔʒu de sɔw]
Wecker (m)	despertador (m)	[dʒisperta'dor]
Uhrmacher (m)	relojoeiro (m)	[helo'ʒwejru]
reparieren (vt)	reparar (vt)	[hepa'rar]

ALLTAGSERFAHRUNG

41. Geld

Geld (n)	dinheiro (m)	[dʒi'ɲejru]
Austausch (m)	câmbio (m)	['kãbju]
Kurs (m)	taxa (f) de câmbio	['taʃa de 'kãbju]
Geldautomat (m)	caixa (m) eletrônico	['kaɪʃa ele'troniku]
Münze (f)	moeda (f)	['mwɛda]
Dollar (m)	dólar (m)	['dɔlar]
Euro (m)	euro (m)	['ewru]
Lira (f)	lira (f)	['lira]
Mark (f)	marco (m)	['marku]
Franken (m)	franco (m)	['frãku]
Pfund Sterling (n)	libra (f) esterlina	['libra ister'linu]
Yen (m)	iene (m)	['jɛni]
Schulden (pl)	dívida (f)	['dʒivida]
Schuldner (m)	devedor (m)	[deve'dor]
leihen (vt)	emprestar (vt)	[ẽpres'tar]
leihen, borgen (Geld usw.)	pedir emprestado	[pe'dʒir ẽpres'tadu]
Bank (f)	banco (m)	['bãku]
Konto (n)	conta (f)	['kõta]
einzahlen (vt)	depositar (vt)	[depozi'tar]
auf ein Konto einzahlen	depositar na conta	[depozi'tar na 'kõta]
abheben (vt)	sacar (vt)	[sa'kar]
Kreditkarte (f)	cartão (m) de crédito	[kar'tãw de 'krɛdʒitu]
Bargeld (n)	dinheiro (m) vivo	[dʒi'ɲejru 'vivu]
Scheck (m)	cheque (m)	['ʃɛki]
einen Scheck schreiben	passar um cheque	[pa'sar ũ 'ʃɛki]
Scheckbuch (n)	talão (m) de cheques	[ta'lãw de 'ʃɛkis]
Geldtasche (f)	carteira (f)	[kar'tejra]
Geldbeutel (m)	niqueleira (f)	[nike'lejra]
Safe (m)	cofre (m)	['kɔfri]
Erbe (m)	herdeiro (m)	[er'dejru]
Erbschaft (f)	herança (f)	[e'rãsa]
Vermögen (n)	fortuna (f)	[for'tuna]
Pacht (f)	arrendamento (m)	[ahẽda'mẽtu]
Miete (f)	aluguel (m)	[alu'gɛw]
mieten (vt)	alugar (vt)	[alu'gar]
Preis (m)	preço (m)	['presu]
Kosten (pl)	custo (m)	['kustu]

Summe (f)	soma (f)	['sɔma]
ausgeben (vt)	gastar (vt)	[gas'tar]
Ausgaben (pl)	gastos (m pl)	['gastus]
sparen (vt)	economizar (vi)	[ekonomi'zar]
sparsam	econômico	[eko'nomiku]

zahlen (vt)	pagar (vt)	[pa'gar]
Lohn (m)	pagamento (m)	[paga'mẽtu]
Wechselgeld (n)	troco (m)	['troku]

Steuer (f)	imposto (m)	[ĩ'postu]
Geldstrafe (f)	multa (f)	['muwta]
bestrafen (vt)	multar (vt)	[muw'tar]

42. Post. Postdienst

Post (Postamt)	agência (f) dos correios	[a'ʒẽsja dus ko'hejus]
Post (Postsendungen)	correio (m)	[ko'heju]
Briefträger (m)	carteiro (m)	[kar'tejru]
Öffnungszeiten (pl)	horário (m)	[o'rarju]

Brief (m)	carta (f)	['karta]
Einschreibebrief (m)	carta (f) registada	['karta heʒis'tada]
Postkarte (f)	cartão (m) postal	[kar'tãw pos'taw]
Telegramm (n)	telegrama (m)	[tele'grama]
Postpaket (n)	encomenda (f)	[ẽko'mẽda]
Geldanweisung (f)	transferência (f) de dinheiro	[trãsfe'rẽsja de dʒi'ɲejru]

bekommen (vt)	receber (vt)	[hese'ber]
abschicken (vt)	enviar (vt)	[ẽ'vjar]
Absendung (f)	envio (m)	[ẽ'viu]
Postanschrift (f)	endereço (m)	[ẽde'resu]
Postleitzahl (f)	código (m) postal	['kɔdʒigu pos'taw]
Absender (m)	remetente (m)	[heme'tẽtʃi]
Empfänger (m)	destinatário (m)	[destʃina'tarju]

Vorname (m)	nome (m)	['nɔmi]
Nachname (m)	sobrenome (m)	[sobri'nɔmi]
Tarif (m)	tarifa (f)	[ta'rifa]
Standard- (Tarif)	ordinário	[ordʒi'narju]
Spar- (-tarif)	econômico	[eko'nomiku]

Gewicht (n)	peso (m)	['pezu]
abwiegen (vt)	pesar (vt)	[pe'zar]
Briefumschlag (m)	envelope (m)	[ẽve'lɔpi]
Briefmarke (f)	selo (m) postal	['selu pos'taw]
Briefmarke aufkleben	colar o selo	[ko'lar u 'selu]

43. Bankgeschäft

Bank (f)	banco (m)	['bãku]
Filiale (f)	balcão (f)	[baw'kãw]

| Berater (m) | consultor (m) bancário | [kõsuw'tor bã'karju] |
| Leiter (m) | gerente (m) | [ʒe'rẽtʃi] |

Konto (n)	conta (f)	['kõta]
Kontonummer (f)	número (m) da conta	['numeru da 'kõta]
Kontokorrent (n)	conta (f) corrente	['kõta ko'hẽtʃi]
Sparkonto (n)	conta (f) poupança	['kõta po'pãsa]

ein Konto eröffnen	abrir uma conta	[a'brir 'uma 'kõta]
das Konto schließen	fechar uma conta	[fe'ʃar 'uma 'kõta]
einzahlen (vt)	depositar na conta	[depozi'tar na 'kõta]
abheben (vt)	sacar (vt)	[sa'kar]

Einzahlung (f)	depósito (m)	[de'pozitu]
eine Einzahlung machen	fazer um depósito	[fa'zer ũ de'pozitu]
Überweisung (f)	transferência (f) bancária	[trãsfe'rẽsja bã'karja]
überweisen (vt)	transferir (vt)	[trãsfe'rir]

| Summe (f) | soma (f) | ['soma] |
| Wieviel? | Quanto? | ['kwãtu] |

| Unterschrift (f) | assinatura (f) | [asina'tura] |
| unterschreiben (vt) | assinar (vt) | [asi'nar] |

Kreditkarte (f)	cartão (m) de crédito	[kar'tãw de 'krɛdʒitu]
Code (m)	senha (f)	['seɲa]
Kreditkartennummer (f)	número (m) do cartão de crédito	['numeru du kar'tãw de 'krɛdʒitu]
Geldautomat (m)	caixa (m) eletrônico	['kaɪʃa ele'troniku]

Scheck (m)	cheque (m)	['ʃɛki]
einen Scheck schreiben	passar um cheque	[pa'sar ũ 'ʃɛki]
Scheckbuch (n)	talão (m) de cheques	[ta'lãw de 'ʃɛkis]

Darlehen (m)	empréstimo (m)	[ẽ'prɛstʃimu]
ein Darlehen beantragen	pedir um empréstimo	[pe'dʒir ũ ẽ'prɛstʃimu]
ein Darlehen aufnehmen	obter empréstimo	[ob'ter ẽ'prɛstʃimu]
ein Darlehen geben	dar um empréstimo	[dar ũ ẽ'prɛstʃimu]
Sicherheit (f)	garantia (f)	[garã'tʃia]

44. Telefon. Telefongespräche

Telefon (n)	telefone (m)	[tele'foni]
Mobiltelefon (n)	celular (m)	[selu'lar]
Anrufbeantworter (m)	secretária (f) eletrônica	[sekre'tarja ele'tronika]

| anrufen (vt) | fazer uma chamada | [fa'zer 'uma ʃa'mada] |
| Anruf (m) | chamada (f) | [ʃa'mada] |

eine Nummer wählen	discar um número	[dʒis'kar ũ 'numeru]
Hallo!	Alô!	[a'lo]
fragen (vt)	perguntar (vt)	[pergũ'tar]
antworten (vi)	responder (vt)	[hespõ'der]
hören (vt)	ouvir (vt)	[o'vir]

gut (~ aussehen)	bem	[bẽj]
schlecht (Adv)	mal	[maw]
Störungen (pl)	ruído (m)	['hwidu]

Hörer (m)	fone (m)	['fɔni]
den Hörer abnehmen	pegar o telefone	[pe'gar u tele'fɔni]
auflegen (den Hörer ~)	desligar (vi)	[dʒizli'gar]

besetzt	ocupado	[oku'padu]
läuten (vi)	tocar (vi)	[to'kar]
Telefonbuch (n)	lista (f) telefônica	['lista tele'fonika]

Orts-	local	[lo'kaw]
Ortsgespräch (n)	chamada (f) local	[ʃa'mada lo'kaw]
Auslands-	internacional	[ĩternasjo'naw]
Auslandsgespräch (n)	chamada (f) internacional	[ʃa'mada ĩternasjo'naw]
Fern-	de longa distância	['de 'lõgu dʒis'tãsja]
Ferngespräch (n)	chamada (f) de longa distância	[ʃa'mada de 'lõgu dʒis'tãsja]

45. Mobiltelefon

Mobiltelefon (n)	celular (m)	[selu'lar]
Display (n)	tela (f)	['tɛla]
Knopf (m)	botão (m)	[bo'tãw]
SIM-Karte (f)	cartão SIM (m)	[kar'tãw sim]

Batterie (f)	bateria (f)	[bate'ria]
leer sein (Batterie)	descarregar-se (vr)	[dʒiskahe'garsi]
Ladegerät (n)	carregador (m)	[kahega'dor]

Menü (n)	menu (m)	[me'nu]
Einstellungen (pl)	configurações (f pl)	[kõfigura'sõjs]
Melodie (f)	melodia (f)	[melo'dʒia]
auswählen (vt)	escolher (vt)	[isko'ʎer]

Rechner (m)	calculadora (f)	[kawkula'dora]
Anrufbeantworter (m)	correio (m) de voz	[ko'heju de vɔz]
Wecker (m)	despertador (m)	[dʒisperta'dor]
Kontakte (pl)	contatos (m pl)	[kõ'tatus]

| SMS-Nachricht (f) | mensagem (f) de texto | [mẽ'saʒẽ de 'testu] |
| Teilnehmer (m) | assinante (m) | [asi'nãtʃi] |

46. Bürobedarf

| Kugelschreiber (m) | caneta (f) | [ka'neta] |
| Federhalter (m) | caneta (f) tinteiro | [ka'neta tʃ'tejru] |

Bleistift (m)	lápis (m)	['lapis]
Faserschreiber (m)	marcador (m) de texto	[marka'dor de 'testu]
Filzstift (m)	caneta (f) hidrográfica	[ka'neta idro'grafika]

| Notizblock (m) | bloco (m) de notas | ['bloku de 'nɔtas] |
| Terminkalender (m) | agenda (f) | [a'ʒẽda] |

Lineal (n)	régua (f)	['hɛgwa]
Rechner (m)	calculadora (f)	[kawkula'dora]
Radiergummi (m)	borracha (f)	[bo'haʃa]
Reißzwecke (f)	alfinete (m)	[awfi'netʃi]
Heftklammer (f)	clipe (m)	['klipi]

Klebstoff (m)	cola (f)	['kɔla]
Hefter (m)	grampeador (m)	[grãpja'dor]
Locher (m)	furador (m) de papel	[fura'dor de pa'pɛw]
Bleistiftspitzer (m)	apontador (m)	[apõta'dor]

47. Fremdsprachen

Sprache (f)	língua (f)	['lĩgwa]
Fremd-	estrangeiro	[istrã'ʒejru]
Fremdsprache (f)	língua (f) estrangeira	['lĩgwa istrã'ʒejra]
studieren (z.B. Jura ~)	estudar (vt)	[istu'dar]
lernen (Englisch ~)	aprender (vt)	[aprẽ'der]

lesen (vi, vt)	ler (vt)	[ler]
sprechen (vi, vt)	falar (vi)	[fa'lar]
verstehen (vt)	entender (vt)	[ẽtẽ'der]
schreiben (vi, vt)	escrever (vt)	[iskre'ver]

schnell (Adv)	rapidamente	[hapida'mẽtʃi]
langsam (Adv)	lentamente	[lẽta'mẽtʃi]
fließend (Adv)	fluentemente	[fluẽte'mẽtʃi]

Regeln (pl)	regras (f pl)	['hɛgras]
Grammatik (f)	gramática (f)	[gra'matʃika]
Vokabular (n)	vocabulário (m)	[vokabu'larju]
Phonetik (f)	fonética (f)	[fo'nɛtʃika]

Lehrbuch (n)	livro (m) didático	['livru dʒi'datʃiku]
Wörterbuch (n)	dicionário (m)	[dʒisjo'narju]
Selbstlernbuch (n)	manual (m) autodidático	[ma'nwaw awtodʒi'datʃiku]
Sprachführer (m)	guia (m) de conversação	['gia de kõversa'sãw]

Kassette (f)	fita (f) cassete	['fita ka'sɛtʃi]
Videokassette (f)	videoteipe (m)	[vidʒju'tejpi]
CD (f)	CD, disco (m) compacto	['sede], ['dʒisku kõ'paktu]
DVD (f)	DVD (m)	[deve'de]

Alphabet (n)	alfabeto (m)	[awfa'bɛtu]
buchstabieren (vt)	soletrar (vt)	[sole'trar]
Aussprache (f)	pronúncia (f)	[pro'nũsja]

Akzent (m)	sotaque (m)	[so'taki]
mit Akzent	com sotaque	[kõ so'taki]
ohne Akzent	sem sotaque	[sẽ so'taki]
Wort (n)	palavra (f)	[pa'lavra]

Bedeutung (f)	**sentido** (m)	[sẽ'tʃidu]
Kurse (pl)	**curso** (m)	['kursu]
sich einschreiben	**inscrever-se** (vr)	[ĩskre'verse]
Lehrer (m)	**professor** (m)	[profe'sor]
Übertragung (f)	**tradução** (f)	[tradu'sãw]
Übersetzung (f)	**tradução** (f)	[tradu'sãw]
Übersetzer (m)	**tradutor** (m)	[tradu'tor]
Dolmetscher (m)	**intérprete** (m)	[ĩ'tɛrpretʃi]
Polyglott (m, f)	**poliglota** (m)	[poli'glɔta]
Gedächtnis (n)	**memória** (f)	[me'mɔrja]

MAHLZEITEN. RESTAURANT

48. Gedeck

Löffel (m)	colher (f)	[ko'ʎer]
Messer (n)	faca (f)	['faka]
Gabel (f)	garfo (m)	['garfu]
Tasse (eine ~ Tee)	xícara (f)	['ʃikara]
Teller (m)	prato (m)	['pratu]
Untertasse (f)	pires (m)	['piris]
Serviette (f)	guardanapo (m)	[gwarda'napu]
Zahnstocher (m)	palito (m)	[pa'litu]

49. Restaurant

Restaurant (n)	restaurante (m)	[hestaw'rãtʃi]
Kaffeehaus (n)	cafeteria (f)	[kafete'ria]
Bar (f)	bar (m), cervejaria (f)	[bar], [serveʒa'ria]
Teesalon (m)	salão (m) de chá	[sa'lãw de ʃa]
Kellner (m)	garçom (m)	[gar'sõ]
Kellnerin (f)	garçonete (f)	[garso'netʃi]
Barmixer (m)	barman (m)	[bar'mã]
Speisekarte (f)	cardápio (m)	[kar'dapju]
Weinkarte (f)	lista (f) de vinhos	['lista de 'viɲus]
einen Tisch reservieren	reservar uma mesa	[hezer'var 'uma 'meza]
Gericht (n)	prato (m)	['pratu]
bestellen (vt)	pedir (vt)	[pe'dʒir]
eine Bestellung aufgeben	fazer o pedido	[fa'zer u pe'dʒidu]
Aperitif (m)	aperitivo (m)	[aperi'tʃivu]
Vorspeise (f)	entrada (f)	[ẽ'trada]
Nachtisch (m)	sobremesa (f)	[sobri'meza]
Rechnung (f)	conta (f)	['kõta]
Rechnung bezahlen	pagar a conta	[pa'gar a 'kõta]
das Wechselgeld geben	dar o troco	[dar u 'troku]
Trinkgeld (n)	gorjeta (f)	[gor'ʒeta]

50. Mahlzeiten

Essen (n)	comida (f)	[ko'mida]
essen (vi, vt)	comer (vt)	[ko'mer]

Frühstück (n)	café (m) da manhã	[ka'fɛ da ma'ɲã]
frühstücken (vi)	tomar café da manhã	[to'mar ka'fɛ da ma'ɲã]
Mittagessen (n)	almoço (m)	[aw'mosu]
zu Mittag essen	almoçar (vi)	[awmo'sar]
Abendessen (n)	jantar (m)	[ʒã'tar]
zu Abend essen	jantar (vi)	[ʒã'tar]

Appetit (m)	apetite (m)	[ape'tʃitʃi]
Guten Appetit!	Bom apetite!	[bõ ape'tʃitʃi]

öffnen (vt)	abrir (vt)	[a'brir]
verschütten (vt)	derramar (vt)	[deha'mar]
verschüttet werden	derramar-se (vr)	[deha'marsi]

kochen (vi)	ferver (vi)	[fer'ver]
kochen (Wasser ~)	ferver (vt)	[fer'ver]
gekocht (Adj)	fervido	[fer'vidu]
kühlen (vt)	esfriar (vt)	[is'frjar]
abkühlen (vi)	esfriar-se (vr)	[is'frjarse]

Geschmack (m)	sabor, gosto (m)	[sa'bor], ['gostu]
Beigeschmack (m)	fim (m) de boca	[fĩ de 'boka]

auf Diät sein	emagrecer (vi)	[imagre'ser]
Diät (f)	dieta (f)	['dʒjɛta]
Vitamin (n)	vitamina (f)	[vita'mina]
Kalorie (f)	caloria (f)	[kalo'ria]
Vegetarier (m)	vegetariano (m)	[veʒeta'rjanu]
vegetarisch (Adj)	vegetariano	[veʒeta'rjanu]

Fett (n)	gorduras (f pl)	[gor'duras]
Protein (n)	proteínas (f pl)	[prote'inas]
Kohlenhydrat (n)	carboidratos (m pl)	[karboi'dratus]
Scheibchen (n)	fatia (f)	[fa'tʃia]
Stück (ein ~ Kuchen)	pedaço (m)	[pe'dasu]
Krümel (m)	migalha (f), farelo (m)	[mi'gaʎa], [fa'rɛlu]

51. Gerichte

Gericht (n)	prato (m)	['pratu]
Küche (f)	cozinha (f)	[ko'ziɲa]
Rezept (n)	receita (f)	[he'sejta]
Portion (f)	porção (f)	[por'sãw]

Salat (m)	salada (f)	[sa'lada]
Suppe (f)	sopa (f)	['sopa]

Brühe (f), Bouillon (f)	caldo (m)	['kawdu]
belegtes Brot (n)	sanduíche (m)	[sand'wiʃi]
Spiegelei (n)	ovos (m pl) fritos	['ɔvus 'fritus]

Hamburger (m)	hambúrguer (m)	[ã'burger]
Beefsteak (n)	bife (m)	['bifi]
Beilage (f)	acompanhamento (m)	[akõpaɲa'mẽtu]

Spaghetti (pl)	espaguete (m)	[ispa'geti]
Kartoffelpüree (n)	purê (m) de batata	[pu're de ba'tata]
Pizza (f)	pizza (f)	['pitsa]
Brei (m)	mingau (m)	[mī'gaw]
Omelett (n)	omelete (f)	[ome'letʃi]

gekocht	fervido	[fer'vidu]
geräuchert	defumado	[defu'madu]
gebraten	frito	['fritu]
getrocknet	seco	['seku]
tiefgekühlt	congelado	[kõʒe'ladu]
mariniert	em conserva	[ẽ kõ'serva]

süß	doce	['dosi]
salzig	salgado	[saw'gadu]
kalt	frio	['friu]
heiß	quente	['kẽtʃi]
bitter	amargo	[a'margu]
lecker	gostoso	[gos'tozu]

kochen (vt)	cozinhar em água fervente	[kozi'ɲar ẽ 'agwa fer'vẽtʃi]
zubereiten (vt)	preparar (vt)	[prepa'rar]
braten (vt)	fritar (vt)	[fri'tar]
aufwärmen (vt)	aquecer (vt)	[ake'ser]

salzen (vt)	salgar (vt)	[saw'gar]
pfeffern (vt)	apimentar (vt)	[apimẽ'tar]
reiben (vt)	ralar (vt)	[ha'lar]
Schale (f)	casca (f)	['kaska]
schälen (vt)	descascar (vt)	[dʒiskas'kar]

52. Essen

Fleisch (n)	carne (f)	['karni]
Hühnerfleisch (n)	galinha (f)	[ga'liɲa]
Küken (n)	frango (m)	['frãgu]
Ente (f)	pato (m)	['patu]
Gans (f)	ganso (m)	['gãsu]
Wild (n)	caça (f)	['kasa]
Pute (f)	peru (m)	[pe'ru]

Schweinefleisch (n)	carne (f) de porco	['karni de 'porku]
Kalbfleisch (n)	carne (f) de vitela	['karni de vi'tɛla]
Hammelfleisch (n)	carne (f) de carneiro	['karni de kar'nejru]
Rindfleisch (n)	carne (f) de vaca	['karni de 'vaka]
Kaninchenfleisch (n)	carne (f) de coelho	['karni de ko'eʎu]

Wurst (f)	linguiça (f), salsichão (m)	[lĩ'gwisa], [sawsi'ʃãw]
Würstchen (n)	salsicha (f)	[saw'siʃa]
Schinkenspeck (m)	bacon (m)	['bejkõ]
Schinken (m)	presunto (m)	[pre'zũtu]
Räucherschinken (m)	pernil (m) de porco	[per'niw de 'porku]
Pastete (f)	patê (m)	[pa'te]
Leber (f)	fígado (m)	['figadu]

| Hackfleisch (n) | guisado (m) | [gi'zadu] |
| Zunge (f) | língua (f) | ['lĩgwa] |

Ei (n)	ovo (m)	['ovu]
Eier (pl)	ovos (m pl)	['ɔvus]
Eiweiß (n)	clara (f) de ovo	['klara de 'ovu]
Eigelb (n)	gema (f) de ovo	['ʒɛma de 'ovu]

Fisch (m)	peixe (m)	['pejʃi]
Meeresfrüchte (pl)	mariscos (m pl)	[ma'riskus]
Krebstiere (pl)	crustáceos (m pl)	[krus'tasjus]
Kaviar (m)	caviar (m)	[ka'vjar]

Krabbe (f)	caranguejo (m)	[karã'geʒu]
Garnele (f)	camarão (m)	[kama'rãw]
Auster (f)	ostra (f)	['ostra]
Languste (f)	lagosta (f)	[la'gosta]
Krake (m)	polvo (m)	['powvu]
Kalmar (m)	lula (f)	['lula]

Störfleisch (n)	esturjão (m)	[istur'ʒãw]
Lachs (m)	salmão (m)	[saw'mãw]
Heilbutt (m)	halibute (m)	[ali'butʃi]

Dorsch (m)	bacalhau (m)	[baka'ʎaw]
Makrele (f)	cavala, sarda (f)	[ka'vala], ['sarda]
Tunfisch (m)	atum (m)	[a'tũ]
Aal (m)	enguia (f)	[ẽ'gia]

Forelle (f)	truta (f)	['truta]
Sardine (f)	sardinha (f)	[sar'dʒiɲa]
Hecht (m)	lúcio (m)	['lusju]
Hering (m)	arenque (m)	[a'rẽki]

Brot (n)	pão (m)	[pãw]
Käse (m)	queijo (m)	['kejʒu]
Zucker (m)	açúcar (m)	[a'sukar]
Salz (n)	sal (m)	[saw]

Reis (m)	arroz (m)	[a'hoz]
Teigwaren (pl)	massas (f pl)	['masas]
Nudeln (pl)	talharim, miojo (m)	[taʎa'rĩ], [mi'oʒu]

Butter (f)	manteiga (f)	[mã'tejga]
Pflanzenöl (n)	óleo (m) vegetal	['ɔlju veʒe'taw]
Sonnenblumenöl (n)	óleo (m) de girassol	['ɔlju de ʒira'sɔw]
Margarine (f)	margarina (f)	[marga'rina]

| Oliven (pl) | azeitonas (f pl) | [azej'tɔnas] |
| Olivenöl (n) | azeite (m) | [a'zejtʃi] |

Milch (f)	leite (m)	['lejtʃi]
Kondensmilch (f)	leite (m) condensado	['lejtʃi kõdẽ'sadu]
Joghurt (m)	iogurte (m)	[jo'gurtʃi]
saure Sahne (f)	creme azedo (m)	['krɛmi a'zedu]
Sahne (f)	creme (m) de leite	['krɛmi de 'lejtʃi]

| Mayonnaise (f) | maionese (f) | [majo'nɛzi] |
| Buttercreme (f) | creme (m) | ['krɛmi] |

Grütze (f)	grãos (m pl) de cereais	['grãws de se'rjajs]
Mehl (n)	farinha (f)	[fa'riɲa]
Konserven (pl)	enlatados (m pl)	[ẽla'tadus]

Maisflocken (pl)	flocos (m pl) de milho	['flɔkus de 'miʎu]
Honig (m)	mel (m)	[mɛw]
Marmelade (f)	geleia (m)	[ʒe'lɛja]
Kaugummi (m, n)	chiclete (m)	[ʃi'klɛtʃi]

53. Getränke

Wasser (n)	água (f)	['agwa]
Trinkwasser (n)	água (f) potável	['agwa pu'tavɛw]
Mineralwasser (n)	água (f) mineral	['agwa mine'raw]

still	sem gás	[sẽ gajs]
mit Kohlensäure	gaseificada	[gazejfi'kadu]
mit Gas	com gás	[kõ gajs]
Eis (n)	gelo (m)	['ʒelu]
mit Eis	com gelo	[kõ 'ʒelu]

alkoholfrei (Adj)	não alcoólico	[nãw aw'kɔliku]
alkoholfreies Getränk (n)	refrigerante (m)	[hefriʒe'rãtʃi]
Erfrischungsgetränk (n)	refresco (m)	[he'fresku]
Limonade (f)	limonada (f)	[limo'nada]

Spirituosen (pl)	bebidas (f pl) alcoólicas	[be'bidas aw'kɔlikas]
Wein (m)	vinho (m)	['viɲu]
Weißwein (m)	vinho (m) branco	['viɲu 'brãku]
Rotwein (m)	vinho (m) tinto	['viɲu 'tʃĩtu]

Likör (m)	licor (m)	[li'kor]
Champagner (m)	champanhe (m)	[ʃã'paɲi]
Wermut (m)	vermute (m)	[ver'mutʃi]

Whisky (m)	uísque (m)	['wiski]
Wodka (m)	vodca (f)	['vɔdʒka]
Gin (m)	gim (m)	[ʒĩ]
Kognak (m)	conhaque (m)	[ko'ɲaki]
Rum (m)	rum (m)	[hũ]

Kaffee (m)	café (m)	[ka'fɛ]
schwarzer Kaffee (m)	café (m) preto	[ka'fɛ 'pretu]
Milchkaffee (m)	café (m) com leite	[ka'fɛ kõ 'lejtʃi]
Cappuccino (m)	cappuccino (m)	[kapu'tʃinu]
Pulverkaffee (m)	café (m) solúvel	[ka'fɛ so'luvɛw]

Milch (f)	leite (m)	['lejtʃi]
Cocktail (m)	coquetel (m)	[koke'tɛw]
Milchcocktail (m)	batida (f), milkshake (m)	[ba'tʃida], ['milkʃejk]
Saft (m)	suco (m)	['suku]

Tomatensaft (m)	suco (m) de tomate	['suku de to'matʃi]
Orangensaft (m)	suco (m) de laranja	['suku de la'rãʒa]
frisch gepresster Saft (m)	suco (m) fresco	['suku 'fresku]

Bier (n)	cerveja (f)	[ser'veʒa]
Helles (n)	cerveja (f) clara	[ser'veʒa 'klara]
Dunkelbier (n)	cerveja (f) preta	[ser'veʒa 'preta]

Tee (m)	chá (m)	[ʃa]
schwarzer Tee (m)	chá (m) preto	[ʃa 'pretu]
grüner Tee (m)	chá (m) verde	[ʃa 'verdʒi]

54. Gemüse

| Gemüse (n) | vegetais (m pl) | [veʒe'tajs] |
| grünes Gemüse (pl) | verdura (f) | [ver'dura] |

Tomate (f)	tomate (m)	[to'matʃi]
Gurke (f)	pepino (m)	[pe'pinu]
Karotte (f)	cenoura (f)	[se'nora]
Kartoffel (f)	batata (f)	[ba'tata]
Zwiebel (f)	cebola (f)	[se'bola]
Knoblauch (m)	alho (m)	['aʎu]

| Kohl (m) | couve (f) | ['kovi] |
| Blumenkohl (m) | couve-flor (f) | ['kovi 'flɔr] |

| Rosenkohl (m) | couve-de-bruxelas (f) | ['kovi de bru'ʃelas] |
| Brokkoli (m) | brócolis (m pl) | ['brɔkolis] |

Rote Bete (f)	beterraba (f)	[bete'haba]
Aubergine (f)	berinjela (f)	[beri'ʒɛla]
Zucchini (f)	abobrinha (f)	[abo'briɲa]

| Kürbis (m) | abóbora (f) | [a'bɔbora] |
| Rübe (f) | nabo (m) | ['nabu] |

Petersilie (f)	salsa (f)	['sawsa]
Dill (m)	endro, aneto (m)	['ẽdru], [a'netu]
Kopf Salat (m)	alface (f)	[aw'fasi]
Sellerie (m)	aipo (m)	['ajpu]

| Spargel (m) | aspargo (m) | [as'pargu] |
| Spinat (m) | espinafre (m) | [ispi'nafri] |

| Erbse (f) | ervilha (f) | [er'viʎa] |
| Bohnen (pl) | feijão (m) | [fej'ʒãw] |

| Mais (m) | milho (m) | ['miʎu] |
| weiße Bohne (f) | feijão (m) roxo | [fej'ʒãw 'hoʃu] |

Paprika (m)	pimentão (m)	[pimẽ'tãw]
Radieschen (n)	rabanete (m)	[haba'netʃi]
Artischocke (f)	alcachofra (f)	[awka'ʃofra]

55. Obst. Nüsse

Frucht (f)	fruta (f)	['fruta]
Apfel (m)	maçã (f)	[ma'sã]
Birne (f)	pera (f)	['pera]
Zitrone (f)	limão (m)	[li'mãw]
Apfelsine (f)	laranja (f)	[la'rãʒa]
Erdbeere (f)	morango (m)	[mo'rãgu]

Mandarine (f)	tangerina (f)	[tãʒe'rina]
Pflaume (f)	ameixa (f)	[a'mejʃa]
Pfirsich (m)	pêssego (m)	['pesegu]
Aprikose (f)	damasco (m)	[da'masku]
Himbeere (f)	framboesa (f)	[frãbo'eza]
Ananas (f)	abacaxi (m)	[abaka'ʃi]

Banane (f)	banana (f)	[ba'nana]
Wassermelone (f)	melancia (f)	[melã'sia]
Weintrauben (pl)	uva (f)	['uva]
Sauerkirsche (f)	ginja (f)	['ʒĩʒa]
Süßkirsche (f)	cereja (f)	[se'reʒa]
Melone (f)	melão (m)	[me'lãw]

Grapefruit (f)	toranja (f)	[to'rãʒa]
Avocado (f)	abacate (m)	[aba'katʃi]
Papaya (f)	mamão (m)	[ma'mãw]
Mango (f)	manga (f)	['mãga]
Granatapfel (m)	romã (f)	['homa]

rote Johannisbeere (f)	groselha (f) vermelha	[[gro'zeʎa ver'meʎa]
schwarze Johannisbeere (f)	groselha (f) negra	[gro'zeʎa 'negra]
Stachelbeere (f)	groselha (f) espinhosa	[gro'zeʎa ispi'ɲoza]
Heidelbeere (f)	mirtilo (m)	[mih'tʃilu]
Brombeere (f)	amora (f) silvestre	[a'mɔra siw'vɛstri]

Rosinen (pl)	passa (f)	['pasa]
Feige (f)	figo (m)	['figu]
Dattel (f)	tâmara (f)	['tamara]

Erdnuss (f)	amendoim (m)	[amẽdo'ĩ]
Mandel (f)	amêndoa (f)	[a'mẽdwa]
Walnuss (f)	noz (f)	[nɔz]
Haselnuss (f)	avelã (f)	[ave'lã]
Kokosnuss (f)	coco (m)	['koku]
Pistazien (pl)	pistaches (m pl)	[pis'taʃis]

56. Brot. Süßigkeiten

Konditorwaren (pl)	pastelaria (f)	[pastela'ria]
Brot (n)	pão (m)	[pãw]
Keks (m, n)	biscoito (m), bolacha (f)	[bis'kojtu], [bo'laʃa]
Schokolade (f)	chocolate (m)	[ʃoko'latʃi]
Schokoladen-	de chocolate	[de ʃoko'latʃi]

Bonbon (m, n)	bala (f)	['bala]
Kuchen (m)	doce (m), bolo (m) pequeno	['dosi], ['bolu pe'kenu]
Torte (f)	bolo (m) de aniversário	['bolu de aniver'sarju]

Kuchen (Apfel-)	torta (f)	['tɔrta]
Füllung (f)	recheio (m)	[he'ʃeju]

Konfitüre (f)	geleia (m)	[ʒe'lɛja]
Marmelade (f)	marmelada (f)	[marme'lada]
Waffeln (pl)	wafers (m pl)	['wafers]
Eis (n)	sorvete (m)	[sor'vetʃi]
Pudding (m)	pudim (m)	[pu'dʒĩ]

57. Gewürze

Salz (n)	sal (m)	[saw]
salzig (Adj)	salgado	[saw'gadu]
salzen (vt)	salgar (vt)	[saw'gar]

schwarzer Pfeffer (m)	pimenta-do-reino (f)	[pi'mẽta-du-hejnu]
roter Pfeffer (m)	pimenta (f) vermelha	[pi'mẽta ver'meʎa]
Senf (m)	mostarda (f)	[mos'tarda]
Meerrettich (m)	raiz-forte (f)	[ha'iz fɔrtʃi]

Gewürz (n)	condimento (m)	[kõdʒi'mẽtu]
Gewürz (n)	especiaria (f)	[ispesja'ria]
Soße (f)	molho (m)	['moʎu]
Essig (m)	vinagre (m)	[vi'nagri]

Anis (m)	anis (m)	[a'nis]
Basilikum (n)	manjericão (m)	[mãʒeri'kãw]
Nelke (f)	cravo (m)	['kravu]
Ingwer (m)	gengibre (m)	[ʒẽ'ʒibri]
Koriander (m)	coentro (m)	[ko'ẽtru]
Zimt (m)	canela (f)	[ka'nɛla]

Sesam (m)	gergelim (m)	[ʒerʒe'lĩ]
Lorbeerblatt (n)	folha (f) de louro	['foʎaʃ de 'loru]
Paprika (m)	páprica (f)	['paprika]
Kümmel (m)	cominho (m)	[ko'miɲu]
Safran (m)	açafrão (m)	[asa'frãw]

PERSÖNLICHE INFORMATIONEN. FAMILIE

58. Persönliche Informationen. Formulare

Vorname (m)	nome (m)	['nɔmi]
Name (m)	sobrenome (m)	[sobri'nɔmi]
Geburtsdatum (n)	data (f) de nascimento	['data de nasi'mẽtu]
Geburtsort (m)	local (m) de nascimento	[lo'kaw de nasi'mẽtu]
Nationalität (f)	nacionalidade (f)	[nasjonali'dadʒi]
Wohnort (m)	lugar (m) de residência	[lu'gar de hezi'dẽsja]
Land (n)	país (m)	[pa'jis]
Beruf (m)	profissão (f)	[profi'sãw]
Geschlecht (n)	sexo (m)	['sɛksu]
Größe (f)	estatura (f)	[ista'tura]
Gewicht (n)	peso (m)	['pezu]

59. Familienmitglieder. Verwandte

Mutter (f)	mãe (f)	[mãj]
Vater (m)	pai (m)	[paj]
Sohn (m)	filho (m)	['fiʎu]
Tochter (f)	filha (f)	['fiʎa]
jüngste Tochter (f)	caçula (f)	[ka'sula]
jüngste Sohn (m)	caçula (m)	[ka'sula]
ältere Tochter (f)	filha (f) mais velha	['fiʎa majs 'vɛʎa]
älterer Sohn (m)	filho (m) mais velho	['fiʎu majs 'vɛʎu]
Bruder (m)	irmão (m)	[ir'mãw]
älterer Bruder (m)	irmão (m) mais velho	[ir'mãw majs 'vɛʎu]
jüngerer Bruder (m)	irmão (m) mais novo	[ir'mãw majs 'novu]
Schwester (f)	irmã (f)	[ir'mã]
ältere Schwester (f)	irmã (f) mais velha	[ir'mã majs 'vɛʎa]
jüngere Schwester (f)	irmã (f) mais nova	[ir'mã majs 'nɔva]
Cousin (m)	primo (m)	['primu]
Cousine (f)	prima (f)	['prima]
Mama (f)	mamãe (f)	[ma'mãj]
Papa (m)	papai (m)	[pa'paj]
Eltern (pl)	pais (pl)	['pajs]
Kind (n)	criança (f)	['krjãsa]
Kinder (pl)	crianças (f pl)	['krjãsas]
Großmutter (f)	avó (f)	[a'vo]
Großvater (m)	avô (m)	[a'vɔ]
Enkel (m)	neto (m)	['nɛtu]

Enkelin (f)	neta (f)	['nɛta]
Enkelkinder (pl)	netos (pl)	['nɛtus]

Onkel (m)	tio (m)	['tʃiu]
Tante (f)	tia (f)	['tʃia]
Neffe (m)	sobrinho (m)	[so'briɲu]
Nichte (f)	sobrinha (f)	[so'briɲa]

Schwiegermutter (f)	sogra (f)	['sɔgra]
Schwiegervater (m)	sogro (m)	['sogru]
Schwiegersohn (m)	genro (m)	['ʒẽhu]
Stiefmutter (f)	madrasta (f)	[ma'drasta]
Stiefvater (m)	padrasto (m)	[pa'drastu]

Säugling (m)	criança (f) de colo	['krjãsa de 'kɔlu]
Kleinkind (n)	bebê (m)	[be'be]
Kleine (m)	menino (m)	[me'ninu]

Frau (f)	mulher (f)	[mu'ʎer]
Mann (m)	marido (m)	[ma'ridu]
Ehemann (m)	esposo (m)	[is'pozu]
Gemahlin (f)	esposa (f)	[is'poza]

verheiratet (Ehemann)	casado	[ka'zadu]
verheiratet (Ehefrau)	casada	[ka'zada]
ledig	solteiro	[sow'tejru]
Junggeselle (m)	solteirão (m)	[sowtej'rãw]
geschieden (Adj)	divorciado	[dʒivor'sjadu]
Witwe (f)	viúva (f)	['vjuva]
Witwer (m)	viúvo (m)	['vjuvu]

Verwandte (m)	parente (m)	[pa'rẽtʃi]
naher Verwandter (m)	parente (m) próximo	[pa'rẽtʃi 'prɔsimu]
entfernter Verwandter (m)	parente (m) distante	[pa'rẽtʃi dʒis'tãtʃi]
Verwandte (pl)	parentes (m pl)	[pa'rẽtʃis]

Waisenjunge (m)	órfão (m)	['ɔrfãw]
Waisenmädchen (f)	órfã (f)	['ɔrfã]
Vormund (m)	tutor (m)	[tu'tor]
adoptieren (einen Jungen)	adotar (vt)	[ado'tar]
adoptieren (ein Mädchen)	adotar (vt)	[ado'tar]

60. Freunde. Arbeitskollegen

Freund (m)	amigo (m)	[a'migu]
Freundin (f)	amiga (f)	[a'miga]
Freundschaft (f)	amizade (f)	[ami'zadʒi]
befreundet sein	ser amigos	[ser a'migus]

Freund (m)	amigo (m)	[a'migu]
Freundin (f)	amiga (f)	[a'miga]
Partner (m)	parceiro (m)	[par'sejru]
Chef (m)	chefe (m)	['ʃɛfi]
Vorgesetzte (m)	superior (m)	[supe'rjor]

Besitzer (m)	proprietário (m)	[proprje'tarju]
Untergeordnete (m)	subordinado (m)	[subordʒi'nadu]
Kollege (m), Kollegin (f)	colega (m, f)	[ko'lɛga]

Bekannte (m)	conhecido (m)	[koɲe'sidu]
Reisegefährte (m)	companheiro (m) de viagem	[kõpa'ɲejru de 'vjaʒẽ]
Mitschüler (m)	colega (m) de classe	[ko'lɛga de 'klasi]

Nachbar (m)	vizinho (m)	[vi'ziɲu]
Nachbarin (f)	vizinha (f)	[vi'ziɲa]
Nachbarn (pl)	vizinhos (pl)	[vi'ziɲus]

MENSCHLICHER KÖRPER. MEDIZIN

61. Kopf

Kopf (m)	cabeça (f)	[ka'besa]
Gesicht (n)	rosto, cara (f)	['hostu], ['kara]
Nase (f)	nariz (m)	[na'riz]
Mund (m)	boca (f)	['boka]
Auge (n)	olho (m)	['oʎu]
Augen (pl)	olhos (m pl)	['oʎus]
Pupille (f)	pupila (f)	[pu'pila]
Augenbraue (f)	sobrancelha (f)	[sobrã'seʎa]
Wimper (f)	cílio (f)	['silju]
Augenlid (n)	pálpebra (f)	['pawpebra]
Zunge (f)	língua (f)	['lĩgwa]
Zahn (m)	dente (m)	['dẽtʃi]
Lippen (pl)	lábios (m pl)	['labjus]
Backenknochen (pl)	maçãs (f pl) do rosto	[ma'sãs du 'hostu]
Zahnfleisch (n)	gengiva (f)	[ʒẽ'ʒiva]
Gaumen (m)	palato (m)	[pa'latu]
Nasenlöcher (pl)	narinas (f pl)	[na'rinas]
Kinn (n)	queixo (m)	['kejʃu]
Kiefer (m)	mandíbula (f)	[mã'dʒibula]
Wange (f)	bochecha (f)	[bo'ʃeʃa]
Stirn (f)	testa (f)	['tɛsta]
Schläfe (f)	têmpora (f)	['tẽpora]
Ohr (n)	orelha (f)	[o'reʎa]
Nacken (m)	costas (f pl) da cabeça	['kɔstas da ka'besa]
Hals (m)	pescoço (m)	[pes'kosu]
Kehle (f)	garganta (f)	[gar'gãta]
Haare (pl)	cabelo (m)	[ka'belu]
Frisur (f)	penteado (m)	[pẽ'tʃjadu]
Haarschnitt (m)	corte (m) de cabelo	['kɔrtʃi de ka'belu]
Perücke (f)	peruca (f)	[pe'ruka]
Schnurrbart (m)	bigode (m)	[bi'gɔdʒi]
Bart (m)	barba (f)	['barba]
haben (einen Bart ~)	ter (vt)	[ter]
Zopf (m)	trança (f)	['trãsa]
Backenbart (m)	suíças (f pl)	['swisas]
rothaarig	ruivo	['hwivu]
grau	grisalho	[gri'zaʎu]
kahl	careca	[ka'rɛka]
Glatze (f)	calva (f)	['kawvu]

Pferdeschwanz (m)	rabo-de-cavalo (m)	['habu-de-ka'valu]
Pony (Ponyfrisur)	franja (f)	['frãʒa]

62. Menschlicher Körper

Hand (f)	mão (f)	[mãw]
Arm (m)	braço (m)	['brasu]

Finger (m)	dedo (m)	['dedu]
Zehe (f)	dedo (m) do pé	['dedu du pɛ]
Daumen (m)	polegar (m)	[pole'gar]
kleiner Finger (m)	dedo (m) mindinho	['dedu mĩ'dʒiɲu]
Nagel (m)	unha (f)	['uɲa]

Faust (f)	punho (m)	['puɲu]
Handfläche (f)	palma (f)	['pawma]
Handgelenk (n)	pulso (m)	['puwsu]
Unterarm (m)	antebraço (m)	[ãtʃi'brasu]
Ellbogen (m)	cotovelo (m)	[koto'velu]
Schulter (f)	ombro (m)	['õbru]

Bein (n)	perna (f)	['pɛrna]
Fuß (m)	pé (m)	[pɛ]
Knie (n)	joelho (m)	[ʒo'eʎu]
Wade (f)	panturrilha (f)	[pãtu'hiʎa]
Hüfte (f)	quadril (m)	[kwa'driw]
Ferse (f)	calcanhar (m)	[kawka'ɲar]

Körper (m)	corpo (m)	['korpu]
Bauch (m)	barriga (f), ventre (m)	[ba'higa], ['vẽtri]
Brust (f)	peito (m)	['pejtu]
Busen (m)	seio (m)	['seju]
Seite (f), Flanke (f)	lado (m)	['ladu]
Rücken (m)	costas (f pl)	['kɔstas]
Kreuz (n)	região (f) lombar	[he'ʒjãw lõ'bar]
Taille (f)	cintura (f)	[sĩ'tura]

Nabel (m)	umbigo (m)	[ũ'bigu]
Gesäßbacken (pl)	nádegas (f pl)	['nadegas]
Hinterteil (n)	traseiro (m)	[tra'zejru]

Leberfleck (m)	sinal (m), pinta (f)	[si'naw], ['pĩta]
Muttermal (n)	sinal (m) de nascença	[si'naw de na'sẽsa]
Tätowierung (f)	tatuagem (f)	[ta'twaʒẽ]
Narbe (f)	cicatriz (f)	[sika'triz]

63. Krankheiten

Krankheit (f)	doença (f)	[do'ẽsa]
krank sein	estar doente	[is'tar do'ẽtʃi]
Gesundheit (f)	saúde (f)	[sa'udʒi]
Schnupfen (m)	nariz (m) escorrendo	[na'riz isko'hẽdu]

Angina (f)	amigdalite (f)	[amigda'litʃi]
Erkältung (f)	resfriado (m)	[hes'frjadu]
sich erkälten	ficar resfriado	[fi'kar hes'frjadu]

Bronchitis (f)	bronquite (f)	[brõ'kitʃi]
Lungenentzündung (f)	pneumonia (f)	[pnewmo'nia]
Grippe (f)	gripe (f)	['gripi]

kurzsichtig	míope	['miopi]
weitsichtig	presbita	[pres'bita]
Schielen (n)	estrabismo (m)	[istra'bizmu]
schielend (Adj)	estrábico, vesgo	[is'trabiku], ['vezgu]
grauer Star (m)	catarata (f)	[kata'rata]
Glaukom (n)	glaucoma (m)	[glaw'koma]

Schlaganfall (m)	AVC (m), apoplexia (f)	[ave'se], [apople'ksia]
Infarkt (m)	ataque (m) cardíaco	[a'taki kar'dʒiaku]
Herzinfarkt (m)	enfarte (m) do miocárdio	[ẽ'fartʃi du mjo'kardʒiu]
Lähmung (f)	paralisia (f)	[parali'zia]
lähmen (vt)	paralisar (vt)	[parali'zar]

Allergie (f)	alergia (f)	[aler'ʒia]
Asthma (n)	asma (f)	['azma]
Diabetes (m)	diabetes (f)	[dʒja'bɛtʃis]

| Zahnschmerz (m) | dor (f) de dente | [dor de 'dẽtʃi] |
| Karies (f) | cárie (f) | ['kari] |

Durchfall (m)	diarreia (f)	[dʒja'hɛja]
Verstopfung (f)	prisão (f) de ventre	[pri'zãw de 'vẽtri]
Magenverstimmung (f)	desarranjo (m) intestinal	[dʒiza'hãʒu ĩtestʃi'naw]
Vergiftung (f)	intoxicação (f) alimentar	[ĩtoksika'sãw alimẽ'tar]
Vergiftung bekommen	intoxicar-se	[ĩtoksi'karsi]

Arthritis (f)	artrite (f)	[ar'tritʃi]
Rachitis (f)	raquitismo (m)	[haki'tʃizmu]
Rheumatismus (m)	reumatismo (m)	[hewma'tʃizmu]
Atherosklerose (f)	arteriosclerose (f)	[arterjoskle'rɔzi]

Gastritis (f)	gastrite (f)	[gas'tritʃi]
Blinddarmentzündung (f)	apendicite (f)	[apẽdʒi'sitʃi]
Cholezystitis (f)	colecistite (f)	[kulesi'stʃitʃi]
Geschwür (n)	úlcera (f)	['uwsera]

Masern (pl)	sarampo (m)	[sa'rãpu]
Röteln (pl)	rubéola (f)	[hu'bɛola]
Gelbsucht (f)	icterícia (f)	[ikte'risja]
Hepatitis (f)	hepatite (f)	[epa'tʃitʃi]

Schizophrenie (f)	esquizofrenia (f)	[iskizofre'nia]
Tollwut (f)	raiva (f)	['hajva]
Neurose (f)	neurose (f)	[new'rɔzi]
Gehirnerschütterung (f)	contusão (f) cerebral	[kõtu'zãw sere'braw]

| Krebs (m) | câncer (m) | ['kãser] |
| Sklerose (f) | esclerose (f) | [iskle'rɔzi] |

multiple Sklerose (f)	esclerose (f) múltipla	[iskle'rozi 'muwtʃipla]
Alkoholismus (m)	alcoolismo (m)	[awko'lizmu]
Alkoholiker (m)	alcoólico (m)	[aw'kɔliku]
Syphilis (f)	sífilis (f)	['sifilis]
AIDS	AIDS (f)	['ajdʒs]

Tumor (m)	tumor (m)	[tu'mor]
bösartig	maligno	[ma'lignu]
gutartig	benigno	[be'nignu]

Fieber (n)	febre (f)	['fɛbri]
Malaria (f)	malária (f)	[ma'larja]
Gangrän (f, n)	gangrena (f)	[gã'grena]
Seekrankheit (f)	enjoo (m)	[ẽ'ʒou]
Epilepsie (f)	epilepsia (f)	[epile'psia]

Epidemie (f)	epidemia (f)	[epide'mia]
Typhus (m)	tifo (m)	['tʃifu]
Tuberkulose (f)	tuberculose (f)	[tuberku'lɔzi]
Cholera (f)	cólera (f)	['kɔlera]
Pest (f)	peste (f) bubônica	['pɛstʃi bu'bonika]

64. Symptome. Behandlungen. Teil 1

Symptom (n)	sintoma (m)	[sĩ'tɔma]
Temperatur (f)	temperatura (f)	[tẽpera'tura]
Fieber (n)	febre (f)	['fɛbri]
Puls (m)	pulso (m)	['puwsu]

Schwindel (m)	vertigem (f)	[ver'tʃiʒẽ]
heiß (Stirne usw.)	quente	['kẽtʃi]
Schüttelfrost (m)	calafrio (m)	[kala'friu]
blass (z.B. -es Gesicht)	pálido	['palidu]

Husten (m)	tosse (f)	['tɔsi]
husten (vi)	tossir (vi)	[to'sir]
niesen (vi)	espirrar (vi)	[ispi'har]
Ohnmacht (f)	desmaio (m)	[dʒiz'maju]
ohnmächtig werden	desmaiar (vi)	[dʒizma'jar]

blauer Fleck (m)	mancha (f) preta	['mãʃa 'preta]
Beule (f)	galo (m)	['galu]
sich stoßen	machucar-se (vr)	[maʃu'karsi]
Prellung (f)	contusão (f)	[kõtu'zãw]
sich stoßen	machucar-se (vr)	[maʃu'karsi]

hinken (vi)	mancar (vi)	[mã'kar]
Verrenkung (f)	deslocamento (f)	[dʒizloka'mẽtu]
ausrenken (vt)	deslocar (vt)	[dʒizlo'kar]
Fraktur (f)	fratura (f)	[fra'tura]
brechen (Arm usw.)	fraturar (vt)	[fratu'rar]

Schnittwunde (f)	corte (m)	['kɔrtʃi]
sich schneiden	cortar-se (vr)	[kor'tarsi]

Blutung (f)	hemorragia (f)	[emoha'ʒia]
Verbrennung (f)	queimadura (f)	[kejma'dura]
sich verbrennen	queimar-se (vr)	[kej'marsi]

stechen (vt)	picar (vt)	[pi'kar]
sich stechen	picar-se (vr)	[pi'karsi]
verletzen (vt)	lesionar (vt)	[lezjo'nar]
Verletzung (f)	lesão (m)	[le'zãw]
Wunde (f)	ferida (f), ferimento (m)	[fe'rida], [feri'mẽtu]
Trauma (n)	trauma (m)	['trawma]

irrereden (vi)	delirar (vi)	[deli'rar]
stottern (vi)	gaguejar (vi)	[gage'ʒar]
Sonnenstich (m)	insolação (f)	[insola'sãw]

65. Symptome. Behandlungen. Teil 2

| Schmerz (m) | dor (f) | [dor] |
| Splitter (m) | farpa (f) | ['farpa] |

Schweiß (m)	suor (m)	[swɔr]
schwitzen (vi)	suar (vi)	[swar]
Erbrechen (n)	vômito (m)	['vomitu]
Krämpfe (pl)	convulsões (f pl)	[kõvuw'sõjs]

schwanger	grávida	['gravida]
geboren sein	nascer (vi)	[na'ser]
Geburt (f)	parto (m)	['partu]
gebären (vt)	dar à luz	[dar a luz]
Abtreibung (f)	aborto (m)	[a'bortu]

Atem (m)	respiração (f)	[hespira'sãw]
Atemzug (m)	inspiração (f)	[ĩspira'sãw]
Ausatmung (f)	expiração (f)	[ispira'sãw]
ausatmen (vt)	expirar (vi)	[ispi'rar]
einatmen (vt)	inspirar (vi)	[ĩspi'rar]

Invalide (m)	inválido (m)	[ĩ'validu]
Krüppel (m)	aleijado (m)	[alej'ʒadu]
Drogenabhängiger (m)	drogado (m)	[dro'gadu]

taub	surdo	['surdu]
stumm	mudo	['mudu]
taubstumm	surdo-mudo	['surdu-'mudu]

verrückt (Adj)	louco, insano	['loku], [ĩ'sanu]
Irre (m)	louco (m)	['loku]
Irre (f)	louca (f)	['loka]
den Verstand verlieren	ficar louco	[fi'kar 'loku]

Gen (n)	gene (m)	['ʒɛni]
Immunität (f)	imunidade (f)	[imuni'dadʒi]
erblich	hereditário	[eredʒi'tarju]
angeboren	congênito	[kõ'ʒenitu]

Virus (m, n)	vírus (m)	['virus]
Mikrobe (f)	micróbio (m)	[mi'krɔbju]
Bakterie (f)	bactéria (f)	[bak'tɛrja]
Infektion (f)	infecção (f)	[ĩfek'sãw]

66. Symptome. Behandlungen. Teil 3

| Krankenhaus (n) | hospital (m) | [ospi'taw] |
| Patient (m) | paciente (m) | [pa'sjẽtʃi] |

Diagnose (f)	diagnóstico (m)	[dʒjag'nɔstʃiku]
Heilung (f)	cura (f)	['kura]
Behandlung (f)	tratamento (m) médico	[trata'mẽtu 'mɛdʒiku]
Behandlung bekommen	curar-se (vr)	[ku'rarsi]
behandeln (vt)	tratar (vt)	[tra'tar]
pflegen (Kranke)	cuidar (vt)	[kwi'dar]
Pflege (f)	cuidado (m)	[kwi'dadu]

Operation (f)	operação (f)	[opera'sãw]
verbinden (vt)	enfaixar (vt)	[ẽfaj'ʃar]
Verband (m)	enfaixamento (m)	[bã'daʒãj]

Impfung (f)	vacinação (f)	[vasina'sãw]
impfen (vt)	vacinar (vt)	[vasi'nar]
Spritze (f)	injeção (f)	[inʒe'sãw]
eine Spritze geben	dar uma injeção	[dar 'uma inʒe'sãw]

Anfall (m)	ataque (m)	[a'taki]
Amputation (f)	amputação (f)	[ãputa'sãw]
amputieren (vt)	amputar (vt)	[ãpu'tar]
Koma (n)	coma (f)	['kɔma]
im Koma liegen	estar em coma	[is'tar ẽ 'kɔma]
Reanimation (f)	reanimação (f)	[hianima'sãw]

genesen von ... (vi)	recuperar-se (vr)	[hekupe'rarsi]
Zustand (m)	estado (m)	[i'stadu]
Bewusstsein (n)	consciência (f)	[kõ'sjẽsja]
Gedächtnis (n)	memória (f)	[me'mɔrja]

ziehen (einen Zahn ~)	tirar (vt)	[tʃi'rar]
Plombe (f)	obturação (f)	[obitura'sãw]
plombieren (vt)	obturar (vt)	[obitu'rar]

| Hypnose (f) | hipnose (f) | [ip'nɔzi] |
| hypnotisieren (vt) | hipnotizar (vt) | [ipnotʃi'zar] |

67. Medizin. Medikamente. Accessoires

Arznei (f)	medicamento (m)	[medʒika'mẽtu]
Heilmittel (n)	remédio (m)	[he'mɛdʒju]
verschreiben (vt)	receitar (vt)	[hesej'tar]
Rezept (n)	receita (f)	[he'sejta]

Tablette (f)	comprimido (m)	[kõpri'midu]
Salbe (f)	unguento (m)	[ũ'gwẽtu]
Ampulle (f)	ampola (f)	[ã'pɔla]
Mixtur (f)	solução, preparado (m)	[solu'sãw], [prepa'radu]
Sirup (m)	xarope (m)	[ʃa'rɔpi]
Pille (f)	cápsula (f)	['kapsula]
Pulver (n)	pó (m)	[pɔ]

Verband (m)	atadura (f)	[ata'dura]
Watte (f)	algodão (m)	[awgo'dãw]
Jod (n)	iodo (m)	['jodu]

Pflaster (n)	curativo (m) adesivo	[kura'tivu ade'zivu]
Pipette (f)	conta-gotas (m)	['kõta 'gotas]
Thermometer (n)	termômetro (m)	[ter'mometru]
Spritze (f)	seringa (f)	[se'rĩga]

| Rollstuhl (m) | cadeira (f) de rodas | [ka'dejra de 'hɔdas] |
| Krücken (pl) | muletas (f pl) | [mu'letas] |

Betäubungsmittel (n)	analgésico (m)	[anaw'ʒɛziku]
Abführmittel (n)	laxante (m)	[la'ʃãtʃi]
Spiritus (m)	álcool (m)	['awkɔw]
Heilkraut (n)	ervas (f pl) medicinais	['ɛrvas medʒisi'najs]
Kräuter- (z.B. Kräutertee)	de ervas	[de 'ɛrvas]

WOHNUNG

68. Wohnung

Wohnung (f)	apartamento (m)	[aparta'mẽtu]
Zimmer (n)	quarto, cômodo (m)	['kwartu], ['komodu]
Schlafzimmer (n)	quarto (m) de dormir	['kwartu de dor'mir]
Esszimmer (n)	sala (f) de jantar	['sala de ʒã'tar]
Wohnzimmer (n)	sala (f) de estar	['sala de is'tar]
Arbeitszimmer (n)	escritório (m)	[iskri'tɔrju]
Vorzimmer (n)	sala (f) de entrada	['sala de ẽ'trada]
Badezimmer (n)	banheiro (m)	[ba'ɲejru]
Toilette (f)	lavabo (m)	[la'vabu]
Decke (f)	teto (m)	['tɛtu]
Fußboden (m)	chão, piso (m)	['ʃãw], ['pizu]
Ecke (f)	canto (m)	['kãtu]

69. Möbel. Innenausstattung

Möbel (n)	mobiliário (m)	[mobi'ljarju]
Tisch (m)	mesa (f)	['meza]
Stuhl (m)	cadeira (f)	[ka'dejra]
Bett (n)	cama (f)	['kama]
Sofa (n)	sofá, divã (m)	[so'fa], [dʒi'vã]
Sessel (m)	poltrona (f)	[pow'trona]
Bücherschrank (m)	estante (f)	[is'tãtʃi]
Regal (n)	prateleira (f)	[prate'lejra]
Schrank (m)	guarda-roupas (m)	['gwarda 'hopa]
Hakenleiste (f)	cabide (m) de parede	[ka'bidʒi de pa'redʒi]
Kleiderständer (m)	cabideiro (m) de pé	[kabi'dejru de pɛ]
Kommode (f)	cômoda (f)	['komoda]
Couchtisch (m)	mesinha (f) de centro	[me'ziɲa de 'sẽtru]
Spiegel (m)	espelho (m)	[is'peʎu]
Teppich (m)	tapete (m)	[ta'petʃi]
Matte (kleiner Teppich)	tapete (m)	[ta'petʃi]
Kamin (m)	lareira (f)	[la'rejra]
Kerze (f)	vela (f)	['vɛla]
Kerzenleuchter (m)	castiçal (m)	[kastʃi'saw]
Vorhänge (pl)	cortinas (f pl)	[kor'tʃinas]
Tapete (f)	papel (m) de parede	[pa'pɛw de pa'redʒi]

Jalousie (f)	persianas (f pl)	[per'sjanas]
Tischlampe (f)	luminária (f) de mesa	[lumi'narja de 'meza]
Leuchte (f)	luminária (f) de parede	[lumi'narja de pa'redʒi]
Stehlampe (f)	abajur (m) de pé	[aba'ʒur de 'pɛ]
Kronleuchter (m)	lustre (m)	['lustri]

Bein (Tischbein usw.)	pé (m)	[pɛ]
Armlehne (f)	braço, descanso (m)	['brasu], [dʒis'kãsu]
Lehne (f)	costas (f pl)	['kɔstas]
Schublade (f)	gaveta (f)	[ga'veta]

70. Bettwäsche

Bettwäsche (f)	roupa (f) de cama	['hopa de 'kama]
Kissen (n)	travesseiro (m)	[trave'sejru]
Kissenbezug (m)	fronha (f)	['froɲa]
Bettdecke (f)	cobertor (m)	[kuber'tor]
Laken (n)	lençol (m)	[lẽ'sɔw]
Tagesdecke (f)	colcha (f)	['kowʃa]

71. Küche

Küche (f)	cozinha (f)	[ko'ziɲa]
Gas (n)	gás (m)	[gajs]
Gasherd (m)	fogão (m) a gás	[fo'gãw a gajs]
Elektroherd (m)	fogão (m) elétrico	[fo'gãw e'lɛtriku]
Backofen (m)	forno (m)	['fornu]
Mikrowellenherd (m)	forno (m) de micro-ondas	['fornu de mikro'õdas]

Kühlschrank (m)	geladeira (f)	[ʒela'dejra]
Tiefkühltruhe (f)	congelador (m)	[kõʒela'dor]
Geschirrspülmaschine (f)	máquina (f) de lavar louça	['makina de la'var 'losa]

Fleischwolf (m)	moedor (m) de carne	[moe'dor de 'karni]
Saftpresse (f)	espremedor (m)	[ispreme'dor]
Toaster (m)	torradeira (f)	[toha'dejra]
Mixer (m)	batedeira (f)	[bate'dejra]

Kaffeemaschine (f)	máquina (f) de café	['makina de ka'fɛ]
Kaffeekanne (f)	cafeteira (f)	[kafe'tejra]
Kaffeemühle (f)	moedor (m) de café	[moe'dor de ka'fɛ]

Wasserkessel (m)	chaleira (f)	[ʃa'lejra]
Teekanne (f)	bule (m)	['buli]
Deckel (m)	tampa (f)	['tãpa]
Teesieb (n)	coador (m) de chá	[koa'dor de ʃa]

Löffel (m)	colher (f)	[ko'ʎer]
Teelöffel (m)	colher (f) de chá	[ko'ʎer de ʃa]
Esslöffel (m)	colher (f) de sopa	[ko'ʎer de 'sopa]
Gabel (f)	garfo (m)	['garfu]
Messer (n)	faca (f)	['faka]

Geschirr (n)	louça (f)	['losa]
Teller (m)	prato (m)	['pratu]
Untertasse (f)	pires (m)	['piris]

Schnapsglas (n)	cálice (m)	['kalisi]
Glas (n)	copo (m)	['kɔpu]
Tasse (f)	xícara (f)	['ʃikara]

Zuckerdose (f)	açucareiro (m)	[asuka'rejru]
Salzstreuer (m)	saleiro (m)	[sa'lejru]
Pfefferstreuer (m)	pimenteiro (m)	[pimẽ'tejru]
Butterdose (f)	manteigueira (f)	[mãtej'gejra]

Kochtopf (m)	panela (f)	[pa'nɛla]
Pfanne (f)	frigideira (f)	[friʒi'dejra]
Schöpflöffel (m)	concha (f)	['kõʃa]
Durchschlag (m)	coador (m)	[koa'dor]
Tablett (n)	bandeja (f)	[bã'deʒa]

Flasche (f)	garrafa (f)	[ga'hafa]
Glas (Einmachglas)	pote (m) de vidro	['potʃi de 'vidru]
Dose (f)	lata (f)	['lata]

Flaschenöffner (m)	abridor (m) de garrafa	[abri'dor de ga'hafa]
Dosenöffner (m)	abridor (m) de latas	[abri'dor de 'latas]
Korkenzieher (m)	saca-rolhas (m)	['saka-'hoʎas]
Filter (n)	filtro (m)	['fiwtru]
filtern (vt)	filtrar (vt)	[fiw'trar]

| Müll (m) | lixo (m) | ['liʃu] |
| Mülleimer, Treteimer (m) | lixeira (f) | [li'ʃejra] |

72. Bad

Badezimmer (n)	banheiro (m)	[ba'ɲejru]
Wasser (n)	água (f)	['agwa]
Wasserhahn (m)	torneira (f)	[tor'nejra]
Warmwasser (n)	água (f) quente	['agwa 'kẽtʃi]
Kaltwasser (n)	água (f) fria	['agwa 'fria]

Zahnpasta (f)	pasta (f) de dente	['pasta de 'dẽtʃi]
Zähne putzen	escovar os dentes	[isko'var us 'dẽtʃis]
Zahnbürste (f)	escova (f) de dente	[is'kova de 'dẽtʃi]

sich rasieren	barbear-se (vr)	[bar'bjarsi]
Rasierschaum (m)	espuma (f) de barbear	[is'puma de bar'bjar]
Rasierer (m)	gilete (f)	[ʒi'lɛtʃi]

waschen (vt)	lavar (vt)	[la'var]
sich waschen	tomar banho	[to'mar baɲu]
Dusche (f)	chuveiro (m), ducha (f)	[ʃu'vejru], ['duʃa]
sich duschen	tomar uma ducha	[to'mar 'uma 'duʃa]
Badewanne (f)	banheira (f)	[ba'ɲejra]
Klosettbecken (n)	vaso (m) sanitário	['vazu sani'tarju]

Waschbecken (n)	pia (f)	['pia]
Seife (f)	sabonete (m)	[sabo'netʃi]
Seifenschale (f)	saboneteira (f)	[sabone'tejra]

Schwamm (m)	esponja (f)	[is'põʒa]
Shampoo (n)	xampu (m)	[ʃã'pu]
Handtuch (n)	toalha (f)	[to'aʎa]
Bademantel (m)	roupão (m) de banho	[ho'pãw de 'baɲu]

Wäsche (f)	lavagem (f)	[la'vaʒẽ]
Waschmaschine (f)	lavadora (f) de roupas	[lava'dora de 'hopas]
waschen (vt)	lavar a roupa	[la'var a 'hopa]
Waschpulver (n)	detergente (m)	[deter'ʒẽtʃi]

73. Haushaltsgeräte

Fernseher (m)	televisor (m)	[televi'zor]
Tonbandgerät (n)	gravador (m)	[grava'dor]
Videorekorder (m)	videogravador (m)	['vidʒju·grava'dor]
Empfänger (m)	rádio (m)	['hadʒju]
Player (m)	leitor (m)	[lej'tor]

Videoprojektor (m)	projetor (m)	[proʒe'tor]
Heimkino (n)	cinema (m) em casa	[si'nɛma ẽ 'kaza]
DVD-Player (m)	DVD Player (m)	[deve'de 'plejer]
Verstärker (m)	amplificador (m)	[ãplifika'dor]
Spielkonsole (f)	console (f) de jogos	[kõ'sɔli de 'ʒogus]

Videokamera (f)	câmera (f) de vídeo	['kamera de 'vidʒju]
Kamera (f)	máquina (f) fotográfica	['makina foto'grafika]
Digitalkamera (f)	câmera (f) digital	['kamera dʒiʒi'taw]

Staubsauger (m)	aspirador (m)	[aspira'dor]
Bügeleisen (n)	ferro (m) de passar	['fɛhu de pa'sar]
Bügelbrett (n)	tábua (f) de passar	['tabwa de pa'sar]

Telefon (n)	telefone (m)	[tele'fɔni]
Mobiltelefon (n)	celular (m)	[selu'lar]
Schreibmaschine (f)	máquina (f) de escrever	['makina de iskre'ver]
Nähmaschine (f)	máquina (f) de costura	['makina de kos'tura]

Mikrophon (n)	microfone (m)	[mikro'fɔni]
Kopfhörer (m)	fone (m) de ouvido	['fɔni de o'vidu]
Fernbedienung (f)	controle remoto (m)	[kõ'trɔli he'mɔtu]

CD (f)	CD (m)	['sede]
Kassette (f)	fita (f) cassete	['fita ka'sɛtʃi]
Schallplatte (f)	disco (m) de vinil	['dʒisku de vi'niw]

DIE ERDE. WETTER

74. Weltall

Kosmos (m)	espaço, cosmo (m)	[is'pasu], ['kɔzmu]
kosmisch, Raum-	espacial, cósmico	[ispa'sjaw], ['kɔzmiku]
Weltraum (m)	espaço (m) cósmico	[is'pasu 'kɔzmiku]
All (n)	mundo (m)	['mũdu]
Universum (n)	universo (m)	[uni'vɛrsu]
Galaxie (f)	galáxia (f)	[ga'laksja]
Stern (m)	estrela (f)	[is'trela]
Gestirn (n)	constelação (f)	[kõstela'sãw]
Planet (m)	planeta (m)	[pla'neta]
Satellit (m)	satélite (m)	[sa'tɛlitʃi]
Meteorit (m)	meteorito (m)	[meteo'ritu]
Komet (m)	cometa (m)	[ko'meta]
Asteroid (m)	asteroide (m)	[aste'rɔjdʒi]
Umlaufbahn (f)	órbita (f)	['ɔrbita]
sich drehen	girar (vi)	[ʒi'rar]
Atmosphäre (f)	atmosfera (f)	[atmos'fɛra]
Sonne (f)	Sol (m)	[sɔw]
Sonnensystem (n)	Sistema (m) Solar	[sis'tɛma so'lar]
Sonnenfinsternis (f)	eclipse (m) solar	[e'klipsi so'lar]
Erde (f)	Terra (f)	['tɛha]
Mond (m)	Lua (f)	['lua]
Mars (m)	Marte (m)	['martʃi]
Venus (f)	Vênus (f)	['venus]
Jupiter (m)	Júpiter (m)	['ʒupiter]
Saturn (m)	Saturno (m)	[sa'turnu]
Merkur (m)	Mercúrio (m)	[mer'kurju]
Uran (m)	Urano (m)	[u'ranu]
Neptun (m)	Netuno (m)	[ne'tunu]
Pluto (m)	Plutão (m)	[plu'tãw]
Milchstraße (f)	Via Láctea (f)	['via 'laktja]
Der Große Bär	Ursa Maior (f)	[ursa ma'jɔr]
Polarstern (m)	Estrela Polar (f)	[is'trela po'lar]
Marsbewohner (m)	marciano (m)	[mar'sjanu]
Außerirdischer (m)	extraterrestre (m)	[estrate'hɛstri]
außerirdisches Wesen (n)	alienígena (m)	[alje'niʒena]

fliegende Untertasse (f)	disco (m) voador	['dʒisku vwa'dor]
Raumschiff (n)	nave (f) espacial	['navi ispa'sjaw]
Raumstation (f)	estação (f) orbital	[eʃta'sãw orbi'taw]
Raketenstart (m)	lançamento (m)	[lãsa'mẽtu]
Triebwerk (n)	motor (m)	[mo'tor]
Düse (f)	bocal (m)	[bo'kaw]
Treibstoff (m)	combustível (m)	[kõbus'tʃivew]
Kabine (f)	cabine (f)	[ka'bini]
Antenne (f)	antena (f)	[ã'tɛna]
Bullauge (n)	vigia (f)	[vi'ʒia]
Sonnenbatterie (f)	bateria (f) solar	[bate'ria so'lar]
Raumanzug (m)	traje (m) espacial	['traʒi ispa'sjaw]
Schwerelosigkeit (f)	imponderabilidade (f)	[ĩpõderabili'dadʒi]
Sauerstoff (m)	oxigênio (m)	[oksi'ʒenju]
Ankopplung (f)	acoplagem (f)	[ako'plaʒẽ]
koppeln (vi)	fazer uma acoplagem	[fa'zer 'uma ako'plaʒẽ]
Observatorium (n)	observatório (m)	[observa'tɔrju]
Teleskop (n)	telescópio (m)	[tele'skɔpju]
beobachten (vt)	observar (vt)	[obser'var]
erforschen (vt)	explorar (vt)	[isplo'rar]

75. Die Erde

Erde (f)	Terra (f)	['tɛha]
Erdkugel (f)	globo (m) terrestre	['globu te'hɛstri]
Planet (m)	planeta (m)	[pla'neta]
Atmosphäre (f)	atmosfera (f)	[atmos'fɛra]
Geographie (f)	geografia (f)	[ʒeogra'fia]
Natur (f)	natureza (f)	[natu'reza]
Globus (m)	globo (m)	['globu]
Landkarte (f)	mapa (m)	['mapa]
Atlas (m)	atlas (m)	['atlas]
Europa (n)	Europa (f)	[ew'rɔpa]
Asien (n)	Ásia (f)	['azja]
Afrika (n)	África (f)	['afrika]
Australien (n)	Austrália (f)	[aws'tralja]
Amerika (n)	América (f)	[a'mɛrika]
Nordamerika (n)	América (f) do Norte	[a'mɛrika du 'nɔrtʃi]
Südamerika (n)	América (f) do Sul	[a'mɛrika du suw]
Antarktis (f)	Antártida (f)	[ã'tartʃida]
Arktis (f)	Ártico (m)	['artʃiku]

76. Himmelsrichtungen

Norden (m)	norte (m)	['nɔrtʃi]
nach Norden	para norte	['para 'nɔrtʃi]
im Norden	no norte	[nu 'nɔrtʃi]
nördlich	do norte	[du 'nɔrtʃi]
Süden (m)	sul (m)	[suw]
nach Süden	para sul	['para suw]
im Süden	no sul	[nu suw]
südlich	do sul	[du suw]
Westen (m)	oeste, ocidente (m)	['wɛstʃi], [osi'dẽtʃi]
nach Westen	para oeste	['para 'wɛstʃi]
im Westen	no oeste	[nu 'wɛstʃi]
westlich, West-	ocidental	[osidẽ'taw]
Osten (m)	leste, oriente (m)	['lɛstʃi], [o'rjẽtʃi]
nach Osten	para leste	['para 'lɛstʃi]
im Osten	no leste	[nu 'lɛstʃi]
östlich	oriental	[orjẽ'taw]

77. Meer. Ozean

Meer (n), See (f)	mar (m)	[mah]
Ozean (m)	oceano (m)	[o'sjanu]
Golf (m)	golfo (m)	['gowfu]
Meerenge (f)	estreito (m)	[is'trejtu]
Festland (n)	terra (f) firme	['tɛha 'firmi]
Kontinent (m)	continente (m)	[kõtʃi'nẽtʃi]
Insel (f)	ilha (f)	['iʎa]
Halbinsel (f)	península (f)	[pe'nĩsula]
Archipel (m)	arquipélago (m)	[arki'pɛlagu]
Bucht (f)	baía (f)	[ba'ia]
Hafen (m)	porto (m)	['portu]
Lagune (f)	lagoa (f)	[la'goa]
Kap (n)	cabo (m)	['kabu]
Atoll (n)	atol (m)	[a'tɔw]
Riff (n)	recife (m)	[he'sifi]
Koralle (f)	coral (m)	[ko'raw]
Korallenriff (n)	recife (m) de coral	[he'sifi de ko'raw]
tief (Adj)	profundo	[pro'fũdu]
Tiefe (f)	profundidade (f)	[profũdʒi'dadʒi]
Abgrund (m)	abismo (m)	[a'bizmu]
Graben (m)	fossa (f) oceânica	['fɔsa o'sjanika]
Strom (m)	corrente (f)	[ko'hẽtʃi]
umspülen (vt)	banhar (vt)	[ba'ɲar]
Ufer (n)	litoral (m)	[lito'raw]

Küste (f)	costa (f)	['kɔsta]
Flut (f)	maré (f) alta	[ma'rɛ 'awta]
Ebbe (f)	refluxo (m)	[he'fluksu]
Sandbank (f)	restinga (f)	[hes'tʃĩga]
Boden (m)	fundo (m)	['fũdu]

Welle (f)	onda (f)	['õda]
Wellenkamm (m)	crista (f) da onda	['krista da 'õda]
Schaum (m)	espuma (f)	[is'puma]

Sturm (m)	tempestade (f)	[tẽpes'tadʒi]
Orkan (m)	furacão (m)	[fura'kãw]
Tsunami (m)	tsunami (m)	[tsu'nami]
Windstille (f)	calmaria (f)	[kawma'ria]
ruhig	calmo	['kawmu]

Pol (m)	polo (m)	['pɔlu]
Polar-	polar	[po'lar]

Breite (f)	latitude (f)	[latʃi'tudʒi]
Länge (f)	longitude (f)	[lõʒi'tudʒi]
Breitenkreis (m)	paralela (f)	[para'lɛla]
Äquator (m)	equador (m)	[ekwa'dor]

Himmel (m)	céu (m)	[sɛw]
Horizont (m)	horizonte (m)	[ori'zõtʃi]
Luft (f)	ar (m)	[ar]

Leuchtturm (m)	farol (m)	[fa'rɔw]
tauchen (vi)	mergulhar (vi)	[mergu'ʎar]
versinken (vi)	afundar-se (vr)	[afũ'darse]
Schätze (pl)	tesouros (m pl)	[te'zorus]

78. Namen der Meere und Ozeane

Atlantischer Ozean (m)	Oceano (m) Atlântico	[o'sjanu at'lãtʃiku]
Indischer Ozean (m)	Oceano (m) Índico	[o'sjanu 'ĩdiku]
Pazifischer Ozean (m)	Oceano (m) Pacífico	[o'sjanu pa'sifiku]
Arktischer Ozean (m)	Oceano (m) Ártico	[o'sjanu 'artʃiku]

Schwarzes Meer (n)	Mar (m) Negro	[mah 'negru]
Rotes Meer (n)	Mar (m) Vermelho	[mah ver'meʎu]
Gelbes Meer (n)	Mar (m) Amarelo	[mah ama'rɛlu]
Weißes Meer (n)	Mar (m) Branco	[mah 'brãku]

Kaspisches Meer (n)	Mar (m) Cáspio	[mah 'kaspju]
Totes Meer (n)	Mar (m) Morto	[mah 'mortu]
Mittelmeer (n)	Mar (m) Mediterrâneo	[mah medʒite'hanju]

Ägäisches Meer (n)	Mar (m) Egeu	[mah e'ʒew]
Adriatisches Meer (n)	Mar (m) Adriático	[mah a'drjatʃiku]

Arabisches Meer (n)	Mar (m) Arábico	[mah a'rabiku]
Japanisches Meer (n)	Mar (m) do Japão	[mah du ʒa'pãw]

| Beringmeer (n) | Mar (m) de Bering | [mah de berĩgi] |
| Südchinesisches Meer (n) | Mar (m) da China Meridional | [mah da 'ʃina meridʒjo'naw] |

Korallenmeer (n)	Mar (m) de Coral	[mah de ko'raw]
Tasmansee (f)	Mar (m) de Tasman	[mah de tazman]
Karibisches Meer (n)	Mar (m) do Caribe	[mah du ka'ribi]

| Barentssee (f) | Mar (m) de Barents | [mah de barẽts] |
| Karasee (f) | Mar (m) de Kara | [mah de 'kara] |

Nordsee (f)	Mar (m) do Norte	[mah du 'nɔrtʃi]
Ostsee (f)	Mar (m) Báltico	[mah 'bawtʃiku]
Nordmeer (n)	Mar (m) da Noruega	[mah da nor'wɛga]

79. Berge

Berg (m)	montanha (f)	[mõ'taɲa]
Gebirgskette (f)	cordilheira (f)	[kordʒi'ʎejra]
Bergrücken (m)	serra (f)	['sɛha]

Gipfel (m)	cume (m)	['kumi]
Spitze (f)	pico (m)	['piku]
Bergfuß (m)	pé (m)	[pɛ]
Abhang (m)	declive (m)	[de'klivi]

Vulkan (m)	vulcão (m)	[vuw'kãw]
tätiger Vulkan (m)	vulcão (m) ativo	[vuw'kãw a'tʃivu]
schlafender Vulkan (m)	vulcão (m) extinto	[vuw'kãw is'tʃĩtu]

Ausbruch (m)	erupção (f)	[erup'sãw]
Krater (m)	cratera (f)	[kra'tɛra]
Magma (n)	magma (m)	['magma]
Lava (f)	lava (f)	['lava]
glühend heiß (-e Lava)	fundido	[fũ'dʒidu]

Cañon (m)	cânion, desfiladeiro (m)	['kanjon], [dʒisfila'dejru]
Schlucht (f)	garganta (f)	[gar'gãta]
Spalte (f)	fenda (f)	['fẽda]
Abgrund (m) (steiler ~)	precipício (m)	[presi'pisju]

Gebirgspass (m)	passo, colo (m)	['pasu], ['kɔlu]
Plateau (n)	planalto (m)	[pla'nawtu]
Fels (m)	falésia (f)	[fa'lɛzja]
Hügel (m)	colina (f)	[ko'lina]

Gletscher (m)	geleira (f)	[ʒe'lejra]
Wasserfall (m)	cachoeira (f)	[kaʃ'wejra]
Geiser (m)	gêiser (m)	['ʒɛjzer]
See (m)	lago (m)	['lagu]

Ebene (f)	planície (f)	[pla'nisi]
Landschaft (f)	paisagem (f)	[paj'zaʒẽ]
Echo (n)	eco (m)	['ɛku]
Bergsteiger (m)	alpinista (m)	[awpi'nista]

Kletterer (m)	escalador (m)	[iskala'dor]
bezwingen (vt)	conquistar (vt)	[kõkis'tar]
Aufstieg (m)	subida, escalada (f)	[su'bida], [iska'lada]

80. Namen der Berge

Alpen (pl)	Alpes (m pl)	['awpis]
Montblanc (m)	Monte Branco (m)	['mõtʃi 'brãku]
Pyrenäen (pl)	Pirineus (m pl)	[piri'news]

Karpaten (pl)	Cárpatos (m pl)	['karpatus]
Uralgebirge (n)	Urais (m pl)	[u'rajs]
Kaukasus (m)	Cáucaso (m)	['kawkazu]
Elbrus (m)	Elbrus (m)	[el'brus]

Altai (m)	Altai (m)	[al'taj]
Tian Shan (m)	Tian Shan (m)	[tjan ʃan]
Pamir (m)	Pamir (m)	[pa'mir]
Himalaja (m)	Himalaia (m)	[ima'laja]
Everest (m)	monte Everest (m)	['mõtʃi eve'rest]

| Anden (pl) | Cordilheira (f) dos Andes | [korʤi'ʎejra dus 'ãʤis] |
| Kilimandscharo (m) | Kilimanjaro (m) | [kilimã'ʒaru] |

81. Flüsse

Fluss (m)	rio (m)	['hiu]
Quelle (f)	fonte, nascente (f)	['fõtʃi], [na'sẽtʃi]
Flussbett (n)	leito (m) de rio	['lejtu de 'hiu]
Stromgebiet (n)	bacia (f)	[ba'sia]
einmünden in …	desaguar no …	[ʤiza'gwar nu]

| Nebenfluss (m) | afluente (m) | [a'flwẽtʃi] |
| Ufer (n) | margem (f) | ['marʒẽ] |

Strom (m)	corrente (f)	[ko'hẽtʃi]
stromabwärts	rio abaixo	['hiu a'baɪʃu]
stromaufwärts	rio acima	['hiu a'sima]

Überschwemmung (f)	inundação (f)	[ĩrodu'sãw]
Hochwasser (n)	cheia (f)	['ʃeja]
aus den Ufern treten	transbordar (vi)	[trãzbor'dar]
überfluten (vt)	inundar (vt)	[inũ'dar]

| Sandbank (f) | banco (m) de areia | ['bãku de a'reja] |
| Stromschnelle (f) | corredeira (f) | [kohe'dejra] |

Damm (m)	barragem (f)	[ba'haʒẽ]
Kanal (m)	canal (m)	[ka'naw]
Stausee (m)	reservatório (m) de água	[hezerva'torju de 'agwa]
Schleuse (f)	eclusa (f)	[e'kluza]
Gewässer (n)	corpo (m) de água	['korpu de 'agwa]

Sumpf (m), Moor (n)	pântano (m)	['pãtanu]
Marsch (f)	lamaçal (m)	[lama'saw]
Strudel (m)	rodamoinho (m)	[hodamo'iɲu]

Bach (m)	riacho (m)	['hjaʃu]
Trink- (z.B. Trinkwasser)	potável	[po'tavew]
Süß- (Wasser)	doce	['dosi]

| Eis (n) | gelo (m) | ['ʒelu] |
| zufrieren (vi) | congelar-se (vr) | [kõʒe'larsi] |

82. Namen der Flüsse

| Seine (f) | rio Sena (m) | ['hiu 'sɛna] |
| Loire (f) | rio Loire (m) | ['hiu lu'ar] |

Themse (f)	rio Tâmisa (m)	['hiu 'tamiza]
Rhein (m)	rio Reno (m)	['hiu 'henu]
Donau (f)	rio Danúbio (m)	['hiu da'nubju]

Wolga (f)	rio Volga (m)	['hiu 'vɔlga]
Don (m)	rio Don (m)	['hiu dɔn]
Lena (f)	rio Lena (m)	['hiu 'lena]

Gelber Fluss (m)	rio Amarelo (m)	['hiu ama'rɛlu]
Jangtse (m)	rio Yangtzé (m)	['hiu jã'gtzɛ]
Mekong (m)	rio Mekong (m)	['hiu mi'kõg]
Ganges (m)	rio Ganges (m)	['hiu 'gændʒi:z]

Nil (m)	rio Nilo (m)	['hiu 'nilu]
Kongo (m)	rio Congo (m)	['hiu 'kõgu]
Okavango (m)	rio Cubango (m)	['hiu ku'bãgu]
Sambesi (m)	rio Zambeze (m)	['hiu zã'bezi]
Limpopo (m)	rio Limpopo (m)	['hiu lĩ'popu]
Mississippi (m)	rio Mississippi (m)	['hiu misi'sipi]

83. Wald

| Wald (m) | floresta (f), bosque (m) | [flo'rɛsta], ['bɔski] |
| Wald- | florestal | [flores'taw] |

Dickicht (n)	mata (f) fechada	['mata fe'ʃada]
Gehölz (n)	arvoredo (m)	[arvo'redu]
Lichtung (f)	clareira (f)	[kla'rejra]

| Dickicht (n) | matagal (m) | [mata'gaw] |
| Gebüsch (n) | mato (m), caatinga (f) | ['matu], [ka'tʃĩga] |

Fußweg (m)	trilha, vereda (f)	['triʎa], [ve'reda]
Erosionsrinne (f)	ravina (f)	[ha'vina]
Baum (m)	árvore (f)	['arvori]
Blatt (n)	folha (f)	['foʎa]

Laub (n)	folhagem (f)	[fo'ʎaʒẽ]
Laubfall (m)	queda (f) das folhas	['kɛda das 'foʎas]
fallen (Blätter)	cair (vi)	[ka'ir]
Wipfel (m)	topo (m)	['topu]

Zweig (m)	ramo (m)	['hamu]
Ast (m)	galho (m)	['gaʎu]
Knospe (f)	botão (m)	[bo'tãw]
Nadel (f)	agulha (f)	[a'guʎa]
Zapfen (m)	pinha (f)	['piɲa]

Höhlung (f)	buraco (m) de árvore	[bu'raku de 'arvori]
Nest (n)	ninho (m)	['niɲu]
Höhle (f)	toca (f)	['tɔka]

Stamm (m)	tronco (m)	['trõku]
Wurzel (f)	raiz (f)	[ha'iz]
Rinde (f)	casca (f) de árvore	['kaska de 'arvori]
Moos (n)	musgo (m)	['muzgu]

entwurzeln (vt)	arrancar pela raiz	[ahã'kar 'pɛla ha'iz]
fällen (vt)	cortar (vt)	[kor'tar]
abholzen (vt)	desflorestar (vt)	[dʒisflores'tar]
Baumstumpf (m)	toco, cepo (m)	['toku], ['sepu]

Lagerfeuer (n)	fogueira (f)	[fo'gejra]
Waldbrand (m)	incêndio (m) florestal	[ĩ'sẽdʒju flores'taw]
löschen (vt)	apagar (vt)	[apa'gar]

Förster (m)	guarda-parque (m)	['gwarda 'parki]
Schutz (m)	proteção (f)	[prote'sãw]
beschützen (vt)	proteger (vt)	[prote'ʒer]
Wilddieb (m)	caçador (m) furtivo	[kasa'dor fur'tʃivu]
Falle (f)	armadilha (f)	arma'dʒiʎa]

| sammeln, pflücken (vt) | colher (vt) | [ko'ʎer] |
| sich verirren | perder-se (vr) | [per'dersi] |

84. natürliche Lebensgrundlagen

Naturressourcen (pl)	recursos (m pl) naturais	[he'kursus natu'rajs]
Bodenschätze (pl)	minerais (m pl)	[mine'rajs]
Vorkommen (n)	depósitos (m pl)	[de'pɔzitus]
Feld (Ölfeld usw.)	jazida (f)	[ʒa'zida]

gewinnen (vt)	extrair (vt)	[istra'jir]
Gewinnung (f)	extração (f)	[istra'sãw]
Erz (n)	minério (m)	[mi'nɛrju]
Bergwerk (n)	mina (f)	['mina]
Schacht (m)	poço (m) de mina	['posu de 'mina]
Bergarbeiter (m)	mineiro (m)	[mi'nejru]

| Erdgas (n) | gás (m) | [gajs] |
| Gasleitung (f) | gasoduto (m) | [gazo'dutu] |

Erdöl (n)	petróleo (m)	[pe'trɔlju]
Erdölleitung (f)	oleoduto (m)	[oljo'dutu]
Ölquelle (f)	poço (m) de petróleo	['posu de pe'trɔlju]
Bohrturm (m)	torre (f) petrolífera	['tohi petro'lifera]
Tanker (m)	petroleiro (m)	[petro'lejru]

Sand (m)	areia (f)	[a'reja]
Kalkstein (m)	calcário (m)	[kaw'karju]
Kies (m)	cascalho (m)	[kas'kaʎu]
Torf (m)	turfa (f)	['turfa]
Ton (m)	argila (f)	[ar'ʒila]
Kohle (f)	carvão (m)	[kar'vãw]

Eisen (n)	ferro (m)	['fɛhu]
Gold (n)	ouro (m)	['oru]
Silber (n)	prata (f)	['prata]
Nickel (n)	níquel (m)	['nikew]
Kupfer (n)	cobre (m)	['kɔbri]

Zink (n)	zinco (m)	['zĩku]
Mangan (n)	manganês (m)	[mãga'nes]
Quecksilber (n)	mercúrio (m)	[mer'kurju]
Blei (n)	chumbo (m)	['ʃũbu]

Mineral (n)	mineral (m)	[mine'raw]
Kristall (m)	cristal (m)	[kris'taw]
Marmor (m)	mármore (m)	['marmori]
Uran (n)	urânio (m)	[u'ranju]

85. Wetter

Wetter (n)	tempo (m)	['tẽpu]
Wetterbericht (m)	previsão (f) do tempo	[previ'zãw du 'tẽpu]
Temperatur (f)	temperatura (f)	[tẽpera'tura]
Thermometer (n)	termômetro (m)	[ter'mometru]
Barometer (n)	barômetro (m)	[ba'romɛtru]

feucht	úmido	['umidu]
Feuchtigkeit (f)	umidade (f)	[umi'dadʒi]
Hitze (f)	calor (m)	[ka'lor]
glutheiß	tórrido	['tɔhidu]
ist heiß	está muito calor	[is'ta 'mwĩtu ka'lor]

ist warm	está calor	[is'ta ka'lor]
warm (Adj)	quente	['kẽtʃi]

ist kalt	está frio	[is'ta 'friu]
kalt (Adj)	frio	['friu]

Sonne (f)	sol (m)	[sɔw]
scheinen (vi)	brilhar (vi)	[bri'ʎar]
sonnig (Adj)	de sol, ensolarado	[de sɔw], [ẽsola'radu]
aufgehen (vi)	nascer (vi)	[na'ser]
untergehen (vi)	pôr-se (vr)	['porsi]

Wolke (f)	nuvem (f)	['nuvẽj]
bewölkt, wolkig	nublado	[nu'bladu]
Regenwolke (f)	nuvem (f) preta	['nuvẽj 'preta]
trüb (-er Tag)	escuro	[is'kuru]

Regen (m)	chuva (f)	['ʃuva]
Es regnet	está a chover	[is'ta a ʃo'ver]
regnerisch (-er Tag)	chuvoso	[ʃu'vozu]
nieseln (vi)	chuviscar (vi)	[ʃuvis'kar]

strömender Regen (m)	chuva (f) torrencial	['ʃuva tohẽ'sjaw]
Regenschauer (m)	aguaceiro (m)	[agwa'sejru]
stark (-er Regen)	forte	['fortʃi]
Pfütze (f)	poça (f)	['posa]
nass werden (vi)	molhar-se (vr)	[mo'ʎarsi]

Nebel (m)	nevoeiro (m)	[nevo'ejru]
neblig (-er Tag)	de nevoeiro	[de nevu'ejru]
Schnee (m)	neve (f)	['nɛvi]
Es schneit	está nevando	[is'ta ne'vãdu]

86. Unwetter Naturkatastrophen

Gewitter (n)	trovoada (f)	[tro'vwada]
Blitz (m)	relâmpago (m)	[he'lãpagu]
blitzen (vi)	relampejar (vi)	[helãpe'ʒar]

Donner (m)	trovão (m)	[tro'vãw]
donnern (vi)	trovejar (vi)	[trove'ʒar]
Es donnert	está trovejando	[is'ta trove'ʒãdu]

| Hagel (m) | granizo (m) | [gra'nizu] |
| Es hagelt | está caindo granizo | [is'ta ka'ĩdu gra'nizu] |

| überfluten (vt) | inundar (vt) | [inũ'dar] |
| Überschwemmung (f) | inundação (f) | [ĩtrodu'sãw] |

Erdbeben (n)	terremoto (m)	[tehe'mɔtu]
Erschütterung (f)	abalo, tremor (m)	[a'balu], [tre'mor]
Epizentrum (n)	epicentro (m)	[epi'sẽtru]

| Ausbruch (m) | erupção (f) | [erup'sãw] |
| Lava (f) | lava (f) | ['lava] |

Wirbelsturm (m)	tornado (m)	[tor'nadu]
Tornado (m)	tornado (m)	[tor'nadu]
Taifun (m)	tufão (m)	[tu'fãw]

Orkan (m)	furacão (m)	[fura'kãw]
Sturm (m)	tempestade (f)	[tẽpes'tadʒi]
Tsunami (m)	tsunami (m)	[tsu'nami]

| Zyklon (m) | ciclone (m) | [si'klɔni] |
| Unwetter (n) | mau tempo (m) | [maw 'tẽpu] |

Brand (m)	incêndio (m)	[ĩ'sẽdʒju]
Katastrophe (f)	catástrofe (f)	[ka'tastrofi]
Meteorit (m)	meteorito (m)	[meteo'ritu]

Lawine (f)	avalanche (f)	[ava'lãʃi]
Schneelawine (f)	deslizamento (m) de neve	[dʒizliza'mẽtu de 'nɛvi]
Schneegestöber (n)	nevasca (f)	[ne'vaska]
Schneesturm (m)	tempestade (f) de neve	[tẽpes'tadʒi de 'nɛvi]

FAUNA

87. Säugetiere. Raubtiere

Raubtier (n)	predador (m)	[preda'dor]
Tiger (m)	tigre (m)	['tʃigri]
Löwe (m)	leão (m)	[le'ãw]
Wolf (m)	lobo (m)	['lobu]
Fuchs (m)	raposa (f)	[ha'pozu]
Jaguar (m)	jaguar (m)	[ʒa'gwar]
Leopard (m)	leopardo (m)	[ljo'pardu]
Gepard (m)	chita (f)	['ʃita]
Panther (m)	pantera (f)	[pã'tɛra]
Puma (m)	puma (m)	['puma]
Schneeleopard (m)	leopardo-das-neves (m)	[ljo'pardu das 'nɛvis]
Luchs (m)	lince (m)	['lĩsi]
Kojote (m)	coiote (m)	[ko'jɔtʃi]
Schakal (m)	chacal (m)	[ʃa'kaw]
Hyäne (f)	hiena (f)	['jena]

88. Tiere in freier Wildbahn

Tier (n)	animal (m)	[ani'maw]
Bestie (f)	besta (f)	['besta]
Eichhörnchen (n)	esquilo (m)	[is'kilu]
Igel (m)	ouriço (m)	[o'risu]
Hase (m)	lebre (f)	['lɛbri]
Kaninchen (n)	coelho (m)	[ko'eʎu]
Dachs (m)	texugo (m)	[te'ʃugu]
Waschbär (m)	guaxinim (m)	[gwaʃi'nĩ]
Hamster (m)	hamster (m)	['amster]
Murmeltier (n)	marmota (f)	[mah'mɔta]
Maulwurf (m)	toupeira (f)	[to'pejra]
Maus (f)	rato (m)	['hatu]
Ratte (f)	ratazana (f)	[hata'zana]
Fledermaus (f)	morcego (m)	[mor'segu]
Hermelin (n)	arminho (m)	[ar'miɲu]
Zobel (m)	zibelina (f)	[zibe'lina]
Marder (m)	marta (f)	['mahta]
Wiesel (n)	doninha (f)	[dɔ'niɲa]
Nerz (m)	visom (m)	[vi'zõ]

| Biber (m) | castor (m) | [kas'tor] |
| Fischotter (m) | lontra (f) | ['lõtra] |

Pferd (n)	cavalo (m)	[ka'valu]
Elch (m)	alce (m)	['awsi]
Hirsch (m)	veado (m)	['vjadu]
Kamel (n)	camelo (m)	[ka'melu]

Bison (m)	bisão (m)	[bi'zãw]
Wisent (m)	auroque (m)	[aw'rɔki]
Büffel (m)	búfalo (m)	['bufalu]

Zebra (n)	zebra (f)	['zebra]
Antilope (f)	antílope (m)	[ã'tʃilopi]
Reh (n)	corça (f)	['korsa]
Damhirsch (m)	gamo (m)	['gamu]
Gämse (f)	camurça (f)	[ka'mursa]
Wildschwein (n)	javali (m)	[ʒava'li]

Wal (m)	baleia (f)	[ba'leja]
Seehund (m)	foca (f)	['fɔka]
Walroß (n)	morsa (f)	['mɔhsa]
Seebär (m)	urso-marinho (m)	['ursu ma'riɲu]
Delfin (m)	golfinho (m)	[gow'fiɲu]

Bär (m)	urso (m)	['ursu]
Eisbär (m)	urso (m) polar	['ursu po'lar]
Panda (m)	panda (m)	['pãda]

Affe (m)	macaco (m)	[ma'kaku]
Schimpanse (m)	chimpanzé (m)	[ʃĩpã'zɛ]
Orang-Utan (m)	orangotango (m)	[orãgu'tãgu]
Gorilla (m)	gorila (m)	[go'rila]
Makak (m)	macaco (m)	[ma'kaku]
Gibbon (m)	gibão (m)	[ʒi'bãw]

Elefant (m)	elefante (m)	[ele'fãtʃi]
Nashorn (n)	rinoceronte (m)	[hinose'rõtʃi]
Giraffe (f)	girafa (f)	[ʒi'rafa]
Flusspferd (n)	hipopótamo (m)	[ipo'pɔtamu]

| Känguru (n) | canguru (m) | [kãgu'ru] |
| Koala (m) | coala (m) | ['kwala] |

Manguste (f)	mangusto (m)	[mã'gustu]
Chinchilla (n)	chinchila (f)	[ʃĩ'ʃila]
Stinktier (n)	cangambá (f)	[kã'gãba]
Stachelschwein (n)	porco-espinho (m)	['pɔrku is'piɲu]

89. Haustiere

Katze (f)	gata (f)	['gata]
Kater (m)	gato (m) macho	['gatu 'maʃu]
Hund (m)	cão (m)	['kãw]

Pferd (n)	cavalo (m)	[ka'valu]
Hengst (m)	garanhão (m)	[gara'ɲãw]
Stute (f)	égua (f)	['ɛgwa]

Kuh (f)	vaca (f)	['vaka]
Stier (m)	touro (m)	['toru]
Ochse (m)	boi (m)	[boj]

Schaf (n)	ovelha (f)	[o'veʎa]
Widder (m)	carneiro (m)	[kar'nejru]
Ziege (f)	cabra (f)	['kabra]
Ziegenbock (m)	bode (m)	['bɔdʒi]

| Esel (m) | burro (m) | ['buhu] |
| Maultier (n) | mula (f) | ['mula] |

Schwein (n)	porco (m)	['porku]
Ferkel (n)	leitão (m)	[lej'tãw]
Kaninchen (n)	coelho (m)	[ko'eʎu]

| Huhn (n) | galinha (f) | [ga'liɲa] |
| Hahn (m) | galo (m) | ['galu] |

Ente (f)	pata (f)	['pata]
Enterich (m)	pato (m)	['patu]
Gans (f)	ganso (m)	['gãsu]

| Puter (m) | peru (m) | [pe'ru] |
| Pute (f) | perua (f) | [pe'rua] |

Haustiere (pl)	animais (m pl) domésticos	[ani'majs do'mɛstʃikus]
zahm	domesticado	[domestʃi'kadu]
zähmen (vt)	domesticar (vt)	[domestʃi'kar]
züchten (vt)	criar (vt)	[krjar]

Farm (f)	fazenda (f)	[fa'zẽda]
Geflügel (n)	aves (f pl) domésticas	['avis do'mɛstʃikas]
Vieh (n)	gado (m)	['gadu]
Herde (f)	rebanho (m), manada (f)	[he'baɲu], [ma'nada]

Pferdestall (m)	estábulo (m)	[is'tabulu]
Schweinestall (m)	chiqueiro (m)	[ʃi'kejru]
Kuhstall (m)	estábulo (m)	[is'tabulu]
Kaninchenstall (m)	coelheira (f)	[kue'ʎejra]
Hühnerstall (m)	galinheiro (m)	[gali'ɲejru]

90. Vögel

Vogel (m)	pássaro (m), ave (f)	['pasaru], ['avi]
Taube (f)	pombo (m)	['põbu]
Spatz (m)	pardal (m)	[par'daw]
Meise (f)	chapim-real (m)	[ʃa'pĩ-he'aw]
Elster (f)	pega-rabuda (f)	['pega-ha'buda]
Rabe (m)	corvo (m)	['korvu]

Krähe (f)	gralha-cinzenta (f)	['graʎa sĩ'zẽta]
Dohle (f)	gralha-de-nuca-cinzenta (f)	['graʎa de 'nuka sĩ'zẽta]
Saatkrähe (f)	gralha-calva (f)	['graʎa 'kawvu]

Ente (f)	pato (m)	['patu]
Gans (f)	ganso (m)	['gãsu]
Fasan (m)	faisão (m)	[faj'zãw]

Adler (m)	águia (f)	['agja]
Habicht (m)	açor (m)	[a'sor]
Falke (m)	falcão (m)	[faw'kãw]
Greif (m)	abutre (m)	[a'butri]
Kondor (m)	condor (m)	[kõ'dor]

Schwan (m)	cisne (m)	['sizni]
Kranich (m)	grou (m)	[grow]
Storch (m)	cegonha (f)	[se'goɲa]

Papagei (m)	papagaio (m)	[papa'gaju]
Kolibri (m)	beija-flor (m)	[bejʒa'flɔr]
Pfau (m)	pavão (m)	[pa'vãw]

Strauß (m)	avestruz (m)	[aves'truz]
Reiher (m)	garça (f)	['garsa]
Flamingo (m)	flamingo (m)	[fla'mĩgu]
Pelikan (m)	pelicano (m)	[peli'kanu]

Nachtigall (f)	rouxinol (m)	[hoʃi'nɔw]
Schwalbe (f)	andorinha (f)	[ãdo'riɲa]

Drossel (f)	tordo-zornal (m)	['tɔrdu-zor'nal]
Singdrossel (f)	tordo-músico (m)	['tɔrdu-'muziku]
Amsel (f)	melro-preto (m)	['mɛwhu 'pretu]

Segler (m)	andorinhão (m)	[ãdori'ɲãw]
Lerche (f)	laverca, cotovia (f)	[la'verka], [kutu'via]
Wachtel (f)	codorna (f)	[ko'dɔrna]

Specht (m)	pica-pau (m)	['pika 'paw]
Kuckuck (m)	cuco (m)	['kuku]
Eule (f)	coruja (f)	[ko'ruʒa]
Uhu (m)	bufo-real (m)	['bufu-he'aw]
Auerhahn (m)	tetraz-grande (m)	[tɛ'tras-'grãdʒi]
Birkhahn (m)	tetraz-lira (m)	[tɛ'tras-'lira]
Rebhuhn (n)	perdiz-cinzenta (f)	[per'dis sĩ'zẽta]

Star (m)	estorninho (m)	[istor'niɲu]
Kanarienvogel (m)	canário (m)	[ka'narju]
Haselhuhn (n)	galinha-do-mato (f)	[ga'liɲa du 'matu]

Buchfink (m)	tentilhão (m)	[tẽtʃi'ʎãw]
Gimpel (m)	dom-fafe (m)	[dõ'fafi]

Möwe (f)	gaivota (f)	[gaj'vɔta]
Albatros (m)	albatroz (m)	[alba'trɔs]
Pinguin (m)	pinguim (m)	[pĩ'gwĩ]

91. Fische. Meerestiere

Brachse (f)	**brema** (f)	['brema]
Karpfen (m)	**carpa** (f)	['karpa]
Barsch (m)	**perca** (f)	['pehka]
Wels (m)	**siluro** (m)	[si'luru]
Hecht (m)	**lúcio** (m)	['lusju]

Lachs (m)	**salmão** (m)	[saw'mãw]
Stör (m)	**esturjão** (m)	[istur'ʒãw]

Hering (m)	**arenque** (m)	[a'rẽki]
atlantische Lachs (m)	**salmão** (m) **do Atlântico**	[saw'mãw du at'lãtʃiku]
Makrele (f)	**cavala, sarda** (f)	[ka'vala], ['sarda]
Scholle (f)	**solha** (f)**, linguado** (m)	['soʎa], [lĩ'gwadu]

Zander (m)	**lúcio perca** (m)	['lusju 'perka]
Dorsch (m)	**bacalhau** (m)	[baka'ʎaw]
Tunfisch (m)	**atum** (m)	[a'tũ]
Forelle (f)	**truta** (f)	['truta]

Aal (m)	**enguia** (f)	[ẽ'gia]
Zitterrochen (m)	**raia** (f) **elétrica**	['haja e'lɛtrika]
Muräne (f)	**moreia** (f)	[mo'reja]
Piranha (m)	**piranha** (f)	[pi'raɲa]

Hai (m)	**tubarão** (m)	[tuba'rãw]
Delfin (m)	**golfinho** (m)	[gow'fiɲu]
Wal (m)	**baleia** (f)	[ba'leja]

Krabbe (f)	**caranguejo** (m)	[karã'geʒu]
Meduse (f)	**água-viva** (f)	['agwa 'viva]
Krake (m)	**polvo** (m)	['powvu]

Seestern (m)	**estrela-do-mar** (f)	[is'trela du 'mar]
Seeigel (m)	**ouriço-do-mar** (m)	[o'risu du 'mar]
Seepferdchen (n)	**cavalo-marinho** (m)	[ka'valu ma'riɲu]

Auster (f)	**ostra** (f)	['ostra]
Garnele (f)	**camarão** (m)	[kama'rãw]
Hummer (m)	**lagosta** (f)	[la'gosta]
Languste (f)	**lagosta** (f)	[la'gosta]

92. Amphibien Reptilien

Schlange (f)	**cobra** (f)	['kɔbra]
Gift-, giftig	**venenoso**	[vene'nozu]

Viper (f)	**víbora** (f)	['vibora]
Kobra (f)	**naja** (f)	['naʒa]
Python (m)	**píton** (m)	['piton]
Boa (f)	**jiboia** (f)	[ʒi'bɔja]
Ringelnatter (f)	**cobra-de-água** (f)	[kɔbra de 'agwa]

| Klapperschlange (f) | cascavel (f) | [kaska'vɛw] |
| Anakonda (f) | anaconda, sucuri (f) | [ana'kõda], [sukuri] |

Eidechse (f)	lagarto (m)	[la'gartu]
Leguan (m)	iguana (f)	[i'gwana]
Waran (m)	varano (m)	[va'ranu]
Salamander (m)	salamandra (f)	[sala'mãdra]
Chamäleon (n)	camaleão (m)	[kamale'ãu]
Skorpion (m)	escorpião (m)	[iskorpi'ãw]

Schildkröte (f)	tartaruga (f)	[tarta'ruga]
Frosch (m)	rã (f)	[hã]
Kröte (f)	sapo (m)	['sapu]
Krokodil (n)	crocodilo (m)	[kroko'dʒilu]

93. Insekten

Insekt (n)	inseto (m)	[ĩ'sɛtu]
Schmetterling (m)	borboleta (f)	[borbo'leta]
Ameise (f)	formiga (f)	[for'miga]
Fliege (f)	mosca (f)	['moska]
Mücke (f)	mosquito (m)	[mos'kitu]
Käfer (m)	escaravelho (m)	[iskara'veʎu]

Wespe (f)	vespa (f)	['vespa]
Biene (f)	abelha (f)	[a'beʎa]
Hummel (f)	mamangaba (f)	[mamã'gaba]
Bremse (f)	moscardo (m)	[mos'kardu]

| Spinne (f) | aranha (f) | [a'raɲa] |
| Spinnennetz (n) | teia (f) de aranha | ['teja de a'raɲa] |

Libelle (f)	libélula (f)	[li'bɛlula]
Grashüpfer (m)	gafanhoto (m)	[gafa'ɲotu]
Schmetterling (m)	traça (f)	['trasa]

Schabe (f)	barata (f)	[ba'rata]
Zecke (f)	carrapato (m)	[kaha'patu]
Floh (m)	pulga (f)	['puwga]
Kriebelmücke (f)	borrachudo (m)	[boha'ʃudu]

Heuschrecke (f)	gafanhoto-migratório (m)	[gafa'ɲotu-migra'tɔrju]
Schnecke (f)	caracol (m)	[kara'kɔw]
Heimchen (n)	grilo (m)	['grilu]
Leuchtkäfer (m)	pirilampo, vaga-lume (m)	[piri'lãpu], [vaga-'lumi]
Marienkäfer (m)	joaninha (f)	[ʒwa'niɲa]
Maikäfer (m)	besouro (m)	[be'zoru]

Blutegel (m)	sanguessuga (f)	[sãgi'suga]
Raupe (f)	lagarta (f)	[la'garta]
Wurm (m)	minhoca (f)	[mi'ɲɔka]
Larve (f)	larva (f)	['larva]

FLORA

94. Bäume

Baum (m)	árvore (f)	['arvori]
Laub-	decídua	[de'sidwa]
Nadel-	conífera	[ko'nifera]
immergrün	perene	[pe'rɛni]

Apfelbaum (m)	macieira (f)	[ma'sjejra]
Birnbaum (m)	pereira (f)	[pe'rejra]
Süßkirschbaum (m)	cerejeira (f)	[sere'ʒejra]
Sauerkirschbaum (m)	ginjeira (f)	[ʒĩ'ʒejra]
Pflaumenbaum (m)	ameixeira (f)	[amej'ʃejra]

Birke (f)	bétula (f)	['bɛtula]
Eiche (f)	carvalho (m)	[kar'vaʎu]
Linde (f)	tília (f)	['tʃilja]
Espe (f)	choupo-tremedor (m)	['ʃopu-treme'dor]
Ahorn (m)	bordo (m)	['bordu]
Fichte (f)	espruce (m)	[is'pruse]
Kiefer (f)	pinheiro (m)	[pi'ɲejru]
Lärche (f)	alerce, lariço (m)	[a'lɛrse], [la'risu]
Tanne (f)	abeto (m)	[a'bɛtu]
Zeder (f)	cedro (m)	['sɛdru]

Pappel (f)	choupo, álamo (m)	['ʃopu], ['alamu]
Vogelbeerbaum (m)	tramazeira (f)	[trama'zejra]
Weide (f)	salgueiro (m)	[saw'gejru]
Erle (f)	amieiro (m)	[a'mjejru]
Buche (f)	faia (f)	['faja]
Ulme (f)	ulmeiro, olmo (m)	[ul'mejru], ['ɔwmu]
Esche (f)	freixo (m)	['frejʃu]
Kastanie (f)	castanheiro (m)	[kasta'ɲejru]

Magnolie (f)	magnólia (f)	[mag'nɔlja]
Palme (f)	palmeira (f)	[paw'mejra]
Zypresse (f)	cipreste (m)	[si'prɛstʃi]

Mangrovenbaum (m)	mangue (m)	['mãgi]
Baobab (m)	embondeiro, baobá (m)	[ẽbõ'dejru], [bao'ba]
Eukalyptus (m)	eucalipto (m)	[ewka'liptu]
Mammutbaum (m)	sequoia (f)	[se'kwɔja]

95. Büsche

Strauch (m)	arbusto (m)	[ar'bustu]
Gebüsch (n)	arbusto (m), moita (f)	[ar'bustu], ['mɔjta]

| Weinstock (m) | videira (f) | [vi'dejra] |
| Weinberg (m) | vinhedo (m) | [vi'ɲedu] |

Himbeerstrauch (m)	framboeseira (f)	[fräboe'zejra]
schwarze Johannisbeere (f)	groselheira-negra (f)	[groze'ʎejra 'negra]
rote Johannisbeere (f)	groselheira-vermelha (f)	[grozɛ'ʎejra ver'meʎa]
Stachelbeerstrauch (m)	groselheira (f) espinhosa	[groze'ʎejra ispi'ɲoza]

Akazie (f)	acácia (f)	[a'kasja]
Berberitze (f)	bérberis (f)	['bɛrberis]
Jasmin (m)	jasmim (m)	[ʒaz'mĩ]

Wacholder (m)	junípero (m)	[ʒu'niperu]
Rosenstrauch (m)	roseira (f)	[ho'zejra]
Heckenrose (f)	roseira (f) brava	[ho'zejra 'brava]

96. Obst. Beeren

Frucht (f)	fruta (f)	['fruta]
Früchte (pl)	frutas (f pl)	['frutas]
Apfel (m)	maçã (f)	[ma'sã]
Birne (f)	pera (f)	['pera]
Pflaume (f)	ameixa (f)	[a'mejʃa]

Erdbeere (f)	morango (m)	[mo'rãgu]
Sauerkirsche (f)	ginja (f)	['ʒĩʒa]
Süßkirsche (f)	cereja (f)	[se'reʒa]
Weintrauben (pl)	uva (f)	['uva]

Himbeere (f)	framboesa (f)	[fräbo'eza]
schwarze Johannisbeere (f)	groselha (f) negra	[gro'zeʎa 'negra]
rote Johannisbeere (f)	groselha (f) vermelha	[[gro'zɛʎa ver'meʎa]
Stachelbeere (f)	groselha (f) espinhosa	[gro'zɛʎa ispi'ɲoza]
Moosbeere (f)	oxicoco (m)	[oksi'koku]

Apfelsine (f)	laranja (f)	[la'rãʒa]
Mandarine (f)	tangerina (f)	[tãʒe'rina]
Ananas (f)	abacaxi (m)	[abaka'ʃi]

| Banane (f) | banana (f) | [ba'nana] |
| Dattel (f) | tâmara (f) | ['tamara] |

Zitrone (f)	limão (m)	[li'mãw]
Aprikose (f)	damasco (m)	[da'masku]
Pfirsich (m)	pêssego (m)	['pesegu]

| Kiwi (f) | quiuí (m) | [ki'vi] |
| Grapefruit (f) | toranja (f) | [to'rãʒa] |

Beere (f)	baga (f)	['baga]
Beeren (pl)	bagas (f pl)	['bagas]
Preiselbeere (f)	arando (m) vermelho	[a'rãdu ver'meʎu]
Walderdbeere (f)	morango-silvestre (m)	[mo'rãgu siw'vɛstri]
Heidelbeere (f)	mirtilo (m)	[mih'tʃilu]

97. Blumen. Pflanzen

| Blume (f) | flor (f) | [flɔr] |
| Blumenstrauß (m) | buquê (m) de flores | [bu'ke de 'floris] |

Rose (f)	rosa (f)	['hɔza]
Tulpe (f)	tulipa (f)	[tu'lipa]
Nelke (f)	cravo (m)	['kravu]
Gladiole (f)	gladíolo (m)	[gla'dʒiolu]

Kornblume (f)	escovinha (f)	[isko'viɲa]
Glockenblume (f)	campainha (f)	[kampa'iɲa]
Löwenzahn (m)	dente-de-leão (m)	['dẽtʃi] de le'ãw]
Kamille (f)	camomila (f)	[kamo'mila]

Aloe (f)	aloé (m)	[alo'ɛ]
Kaktus (m)	cacto (m)	['kaktu]
Gummibaum (m)	fícus (m)	['fikus]

Lilie (f)	lírio (m)	['lirju]
Geranie (f)	gerânio (m)	[ʒe'ranju]
Hyazinthe (f)	jacinto (m)	[ʒa'sĩtu]

Mimose (f)	mimosa (f)	[mi'mɔza]
Narzisse (f)	narciso (m)	[nar'sizu]
Kapuzinerkresse (f)	capuchinha (f)	[kapu'ʃiɲa]

Orchidee (f)	orquídea (f)	[or'kidʒja]
Pfingstrose (f)	peônia (f)	[pi'onia]
Veilchen (n)	violeta (f)	[vjo'leta]

Stiefmütterchen (n)	amor-perfeito (m)	[a'mor per'fejtu]
Vergissmeinnicht (n)	não-me-esqueças (m)	['nãw mi is'kesas]
Gänseblümchen (n)	margarida (f)	[marga'rida]

Mohn (m)	papoula (f)	[pa'pola]
Hanf (m)	cânhamo (m)	['kaɲamu]
Minze (f)	hortelã, menta (f)	[orte'lã], ['mẽta]

| Maiglöckchen (n) | lírio-do-vale (m) | ['lirju du 'vali] |
| Schneeglöckchen (n) | campânula-branca (f) | [kã'panula-'brãka] |

Brennnessel (f)	urtiga (f)	[ur'tʃiga]
Sauerampfer (m)	azedinha (f)	[aze'dʒinha]
Seerose (f)	nenúfar (m)	[ne'nufar]
Farn (m)	samambaia (f)	[samã'baja]
Flechte (f)	líquen (m)	['likẽ]

Gewächshaus (n)	estufa (f)	[is'tufa]
Rasen (m)	gramado (m)	[gra'madu]
Blumenbeet (n)	canteiro (m) de flores	[kã'tejru de 'floris]

Pflanze (f)	planta (f)	['plãta]
Gras (n)	grama (f)	['grama]
Grashalm (m)	folha (f) de grama	['foʎa de 'grama]

Blatt (n)	folha (f)	['foʎa]
Blütenblatt (n)	pétala (f)	['pɛtala]
Stiel (m)	talo (m)	['talu]
Knolle (f)	tubérculo (m)	[tu'berkulu]

| Jungpflanze (f) | broto, rebento (m) | ['brotu], [he'bẽtu] |
| Dorn (m) | espinho (m) | [is'piɲu] |

blühen (vi)	florescer (vi)	[flore'ser]
welken (vi)	murchar (vi)	[mur'ʃar]
Geruch (m)	cheiro (m)	['ʃejru]
abschneiden (vt)	cortar (vt)	[kor'tar]
pflücken (vt)	colher (vt)	[ko'ʎer]

98. Getreide, Körner

Getreide (n)	grão (m)	['grãw]
Getreidepflanzen (pl)	cereais (m pl)	[se'rjajs]
Ähre (f)	espiga (f)	[is'piga]

Weizen (m)	trigo (m)	['trigu]
Roggen (m)	centeio (m)	[sẽ'teju]
Hafer (m)	aveia (f)	[a'veja]
Hirse (f)	painço (m)	[pa'ĩsu]
Gerste (f)	cevada (f)	[se'vada]

Mais (m)	milho (m)	['miʎu]
Reis (m)	arroz (m)	[a'hoz]
Buchweizen (m)	trigo-sarraceno (m)	['trigu-saha'sẽnu]

Erbse (f)	ervilha (f)	[er'viʎa]
weiße Bohne (f)	feijão (m) roxo	[fej'ʒãw 'hoʃu]
Sojabohne (f)	soja (f)	['sɔʒa]
Linse (f)	lentilha (f)	[lẽ'tʃiʎa]
Bohnen (pl)	feijão (m)	[fej'ʒãw]

LÄNDER DER WELT

99. Länder. Teil 1

Afghanistan	Afeganistão (m)	[afeganis'tãw]
Ägypten	Egito (m)	[e'ʒitu]
Albanien	Albânia (f)	[aw'banja]
Argentinien	Argentina (f)	[arʒē'tʃina]
Armenien	Armênia (f)	[ar'menja]
Aserbaidschan	Azerbaijão (m)	[azerbaj'ʒãw]
Australien	Austrália (f)	[aws'tralja]
Bangladesch	Bangladesh (m)	[bãgla'dɛs]
Belgien	Bélgica (f)	['bɛwʒika]
Bolivien	Bolívia (f)	[bo'livja]
Bosnien und Herzegowina	Bósnia e Herzegovina (f)	['bɔsnia i ɛrtsegɔ'vina]
Brasilien	Brasil (m)	[bra'ziw]
Bulgarien	Bulgária (f)	[buw'garja]
Chile	Chile (m)	['ʃili]
China	China (f)	['ʃina]
Dänemark	Dinamarca (f)	[dʒina'marca]
Deutschland	Alemanha (f)	[ale'mãɲa]
Die Bahamas	Bahamas (f pl)	[ba'amas]
Die Vereinigten Staaten	Estados Unidos da América (m pl)	[i'stadus u'nidus da a'mɛrika]
Dominikanische Republik	República (f) Dominicana	[he'publika domini'kana]
Ecuador	Equador (m)	[ekwa'dor]
England	Inglaterra (f)	[ĩgla'tɛha]
Estland	Estônia (f)	[is'tonja]
Finnland	Finlândia (f)	[fĩ'lãdʒja]
Frankreich	França (f)	['frãsa]
Französisch-Polynesien	Polinésia (f) Francesa	[poli'nɛzja frã'seza]
Georgien	Geórgia (f)	['ʒɔrʒa]
Ghana	Gana (f)	['gana]
Griechenland	Grécia (f)	['grɛsja]
Großbritannien	Grã-Bretanha (f)	[grã-bre'taɲa]
Haiti	Haiti (m)	[aj'tʃi]
Indien	Índia (f)	['ĩdʒa]
Indonesien	Indonésia (f)	[ĩdo'nɛzja]
Irak	Iraque (m)	[i'raki]
Iran	Irã (m)	[i'rã]
Irland	Irlanda (f)	[ir'lãda]
Island	Islândia (f)	[iz'lãdʒa]
Israel	Israel (m)	[izha'ɛw]
Italien	Itália (f)	[i'talja]

100. Länder. Teil 2

Jamaika	Jamaica (f)	[ʒa'majka]
Japan	Japão (m)	[ʒa'pãw]
Jordanien	Jordânia (f)	[ʒor'danja]

Kambodscha	Camboja (f)	[kã'bɔja]
Kanada	Canadá (m)	[kana'da]
Kasachstan	Cazaquistão (m)	[kazakis'tãw]
Kenia	Quênia (f)	['kenja]
Kirgisien	Quirguistão (m)	[kirgis'tãw]
Kolumbien	Colômbia (f)	[ko'lõbja]
Kroatien	Croácia (f)	[kro'asja]
Kuba	Cuba (f)	['kuba]
Kuwait	Kuwait (m)	[ku'wejt]

Laos	Laos (m)	['laws]
Lettland	Letônia (f)	[le'tonja]
Libanon (m)	Líbano (m)	['libanu]
Libyen	Líbia (f)	['libja]
Liechtenstein	Liechtenstein (m)	[liʃtẽs'tajn]
Litauen	Lituânia (f)	[li'twanja]
Luxemburg	Luxemburgo (m)	[luʃẽ'burgu]

Madagaskar	Madagascar (m)	[mada'gaskar]
Makedonien	Macedônia (f)	[mase'donja]
Malaysia	Malásia (f)	[ma'lazja]
Malta	Malta (f)	['mawta]
Marokko	Marrocos	[ma'hɔkus]
Mexiko	México (m)	['mɛʃiku]
Moldawien	Moldávia (f)	[mow'davja]
Monaco	Mônaco (m)	['monaku]
Mongolei (f)	Mongólia (f)	[mõ'gɔlja]
Montenegro	Montenegro (m)	[mõtʃi'negru]
Myanmar	Birmânia (f)	[bir'manja]

Namibia	Namíbia (f)	[na'mibja]
Nepal	Nepal (m)	[ne'paw]
Neuseeland	Nova Zelândia (f)	['nɔva zi'lãdʒa]
Niederlande (f)	Países Baixos (m pl)	[pa'jisis 'bajʃus]
Nordkorea	Coreia (f) do Norte	[ko'rɛja du 'nɔrtʃi]
Norwegen	Noruega (f)	[nor'wɛga]
Österreich	Áustria (f)	['awstrja]

101. Länder. Teil 3

Pakistan	Paquistão (m)	[pakis'tãw]
Palästina	Palestina (f)	[pales'tʃina]
Panama	Panamá (m)	[pana'ma]
Paraguay	Paraguai (m)	[para'gwaj]
Peru	Peru (m)	[pe'ru]
Polen	Polônia (f)	[po'lonja]
Portugal	Portugal (m)	[portu'gaw]

Republik Südafrika	África (f) do Sul	['afrika du suw]
Rumänien	Romênia (f)	[ho'menja]
Russland	Rússia (f)	['husja]

Sansibar	Zanzibar (m)	[zãzi'bar]
Saudi-Arabien	Arábia (f) Saudita	[a'rabja saw'dʒita]
Schottland	Escócia (f)	[is'kɔsja]
Schweden	Suécia (f)	['swɛsja]
Schweiz (f)	Suíça (f)	['swisa]
Senegal	Senegal (m)	[sene'gaw]
Serbien	Sérvia (f)	['sɛhvia]
Slowakei (f)	Eslováquia (f)	islɔ'vakja]
Slowenien	Eslovênia (f)	islɔ'venja]
Spanien	Espanha (f)	[is'paɲa]
Südkorea	Coreia (f) do Sul	[ko'rɛja du suw]
Suriname	Suriname (m)	[suri'nami]
Syrien	Síria (f)	['sirja]

Tadschikistan	Tajiquistão (m)	[taʒiki'stãw]
Taiwan	Taiwan (m)	[taj'wan]
Tansania	Tanzânia (f)	[tã'zanja]
Tasmanien	Tasmânia (f)	[taz'manja]
Thailand	Tailândia (f)	[taj'lãdʒja]
Tschechien	República (f) Checa	[he'publika 'ʃeka]
Tunesien	Tunísia (f)	[tu'nizja]
Türkei (f)	Turquia (f)	[tur'kia]
Turkmenistan	Turquemenistão (m)	[turkemenis'tãw]

Ukraine (f)	Ucrânia (f)	[u'kranja]
Ungarn	Hungria (f)	[ũ'gria]
Uruguay	Uruguai (m)	[uru'gwaj]
Usbekistan	Uzbequistão (f)	[uzbekis'tãw]

Vatikan (m)	Vaticano (m)	[vatʃi'kanu]
Venezuela	Venezuela (f)	[vene'zwɛla]
Vereinigten Arabischen Emirate	Emirados Árabes Unidos	[emi'radus 'arabis u'nidus]
Vietnam	Vietnã (m)	[vjet'nã]
Weißrussland	Belarus	[bela'rus]
Zypern	Chipre (m)	['ʃipri]

www.ingramcontent.com/pod-product-compliance
Lightning Source LLC
Chambersburg PA
CBHW070832050426
42452CB00011B/2245